Albert Stähli

INKA-GOVERNMENT

ALBERT STÄHLI

INKA-GOVERNMENT

Eine Elite verwandelt ihre Welt

Frankfurter Allgemeine Buch

Bibliografische Information der Deutschen Nationalbibliothek
Die Deutsche Nationalbibliothek verzeichnet diese Publikation
in der Deutschen Nationalbibliografie; detaillierte bibliografische
Daten sind im Internet über http://dnb.d-nb.de abrufbar.

Albert Stähli
Inka-Government
Eine Elite verwandelt ihre Welt

Frankfurter Societäts-Medien GmbH
Frankenallee 71-81
60327 Frankfurt am Main
Geschäftsführung: Hans Homrighausen
Frankfurt am Main 2013
ISBN 978-3-89981-304-3

Frankfurter Allgemeine Buch

Copyright	Frankfurter Societäts-Medien GmbH
	Frankenallee 71-81
	60327 Frankfurt am Main
Umschlag/Satz	Anja Desch, F.A.Z.-Institut für Management-, Markt- und Medieninformationen GmbH, 60326 Frankfurt am Main
Titelbild	© thinkstock
Druck	CPI Moravia Books s.r.o., Brněnská 1024, CZ-691 23 Pohořelice

Alle Rechte, auch die des auszugsweisen Nachdrucks, vorbehalten.

Printed in EU

Für Nada, Esther und Leon

Inhalt

Kapitel 1   11
Lügen für Papst und König
Warum die Geschichte der Inka umgeschrieben werden muss

Kapitel 2   27
Historische Einordnung
Die Hochkultur zwischen Amazonas und Pazifik

Kapitel 3   73
Regeln und Bräuche
Die Meister der Organisation

Kapitel 4   103
Die Erwähltheit der Besten
Auswahl, Bildung und Rolle der Elite

Kapitel 5   119
Das Beste von allen Völkern übernehmen
Die Klugheit der Inka bei Eroberungen

Kapitel 6   133
Was wir heute von den Inka lernen können
Bildung, Integration und Verteilungsgerechtigkeit

Kapitel 7 165
Elite und Verantwortung
Bildung bringt beide zusammen

Abbildungsnachweise 168

Literatur 169

Der Autor 175

Vorwort

Die Inka gehören zu den bekanntesten indigenen Völkern der Welt. Doch allzu häufig endet das Wissen über die versunkene Hochkultur in den Anden bei einem Bild von in bunte Webstoffe gekleideten Panflötenspielern in den Fußgängerzonen Nordeuropas. Ein Anliegen dieses Buches ist es, die Kenntnis von den Inka zu erweitern und einen Einblick in die großartigen Kulturleistungen zu geben, die dieses Volk vor mehr als einem halben Jahrtausend erbracht hat. Dabei geht es nicht so sehr um die kriegerischen und strategischen Errungenschaften der Inka, sondern vor allem um ihre Klugheit in der Organisation und um die – für die damalige Zeit – geradezu hervorragende Verwaltung des von ihnen errichteten Vielvölkerstaates.

Von den Inka können wir vieles lernen. Doch das vielleicht Wichtigste, das wir heute daraus ziehen können, ist Folgendes: Ein Staatswesen auch unter schwierigen Verhältnissen gerecht und stabil zu organisieren, so dass seine Bewohner auch in Zeiten des Umbruchs mit allem Lebensnotwendigen versorgt sind und niemand um seine Existenz fürchten muss.

Albert Stähli

KAPITEL I
Lügen für Papst und König
Warum die Geschichte der Inka umgeschrieben werden muss

Wir schreiben das Jahr 1532. Zum zweiten Mal geht der spanische Seefahrer Francisco Pizarro mit knapp zwei Hundertschaften sturmerprobter Männer an der südamerikanischen Pazifikküste an Land. Doch anders als bei seinem ersten Besuch sieben Jahre zuvor will er diesmal bleiben und das Land entdecken. Noch wissen Pizarro und seine Männer nicht, dass sie das Reich der Inka betreten – den größten Staat des Kontinents. Seit zweihundert Jahren herrschen die Nachfahren der Sonne, so ihr ethnisches Selbstverständnis, über weite Teile des heutigen Ecuador, Peru, Chile und Bolivien. Mit dem Auftritt der streng religiös inspirierten Europäer erstrahlt die am Rand der bekannten Welt gelegene Bühne erstmals im Licht der Weltgeschichte.

In den darauffolgenden Jahren werden Tausende Ehre und Schätzen suchende Abenteurer, vom katholischen, dem „einzig rechten" Glauben beseelte Priester und nach literarischem Ruhm heischenden Chronisten in das gewaltige Land zwischen Amazonasgebiet und Pazifik strömen. In zahllosen Schriften und Zeichnungen berichten sie den Menschen in der Alten Welt von Göttern, Gräueln und

Abbildung 1: Francisco Pizarro, Gemälde von Amable Paul Coutan

dem gewaltigen Goldvorrat des indigenen Volkes. Doch schon ein halbes Menschenleben nach dem Tode des letzten Inka-Herrschers ist das einst große Volk nahezu ausgelöscht. Mit ihm in die Vergessenheit sinken eine zuoberst auf das Wohlergehen der Menschen setzende Naturreligion, großartige administrative und politische Leistungen, ein – obgleich kosmologisch hergeleiteter – pragmatischer Gesellschaftsaufbau, die weltweit fortschrittlichste Agrikultur der damaligen Zeit und ein überraschend intelligentes Organisationsmodell für kleine und große menschliche Ansiedlungen.

Wer waren die Inka wirklich?

Ohne Geld und nennenswerten Handel zu kennen, haben die Inka über Jahrhunderte hinweg ein blühendes, wirtschaftliches System aufgebaut und erhalten. Und dennoch: Die zeitgenössischen Berichte der Spanier über das Regime der Inka-Herrscher schäumen vor Kritik und enthalten zahlreiche Widersprüche. Manche Autoren sprechen von Despotie und Tyrannei, andere von einem theokratischen Sozialismus oder gar einem kommunistischen Staatswesen, wobei in Wirklichkeit das eine das andere nicht ausschließen würde. Auf keinen Fall darf man die Stellung des von seinen Untertanen als göttlich erachteten obersten Inka mit dem eines modernen Diktators vergleichen, ebenso wenig, wie man die moralischen Begriffe der Inka durch die Brille der Gegenwart bewerten darf. Jede Epoche hat ihr eigenes Moralverständnis. Um die Geschichte korrekt und gerecht wiederzugeben, müssen daher alle Beschreibungen und Kommentare aus vergangenen Zeiten in deren jeweiligen politischen, kulturellen und gesellschaftlichen Kontext eingeordnet werden.

Das freilich tun die aus Europa kommenden Chronisten nicht. Als in der Mitte des 16. Jahrhunderts die Abgesandten des spanischen Herrschers Philipps II., Sohn der Katholischen Könige Ferdinand und Isabella, auf ihrer Suche nach Gold an der südamerikanischen Pazifikküste landen, treffen stolze Spanier auf nicht minder stolze Angehörige des Inka-Volks. Die einen halten sich für Apostel des rechten Glaubens, die anderen für direkte Nachfahren der Sonne – ein gewaltiges Konfliktpotential zeichnet sich ab. Allerdings wird der zu erwartende „Clash of Cultures" von der spanischen Übermacht im Keim erstickt. Und so versuchen sich die spanischen Berichterstatter schon bald nach der Eroberung des Landes darin zu übertrumpfen, die Anschauungen, Sitten und Bräuche des Inka-Volkes anzuprangern und verächtlich zu machen – nicht zuletzt deshalb, um ihre teils barbarischen Handlungen gegenüber ihren Zeitgenossen in der Alten Welt zu rechtfertigen.

Nahezu ein halbes Jahrtausend lang prägt die enge Sichtweise der Conquistadores das Bild vom Inka-Volk als blutrünstig, einfältig, obrigkeitsgläubig und in jeder Beziehung der Alten Welt unterlegen. „Westerners – both past and present – disregarded, rejected, and misinterpreted information that did not conform to their own cultural paradigms." (Ramírez, S.E., 2005, S. 59) Erst gegen Ende des 20. Jahrhunderts entdecken mehr und mehr kritische Wissenschaftler für sich und die Welt die Aufgabe, die Kultur der Inka aus einer anderen, einer objektiveren Perspektive zu betrachten. „Precisely for their monopoly position on first impressions of the peoples of the New World, scholars have become concerned with judging the effectiveness of Spanish cultural filters through which the native world was seen." (Ramírez, S.E., 2005, S. 13)

Insofern sind ihre Chroniken mit größter Vorsicht zu genießen. Die Spanier betrachten das Reich, das sie erobert haben, unter dem Aspekt der maximalen Ausbeutung, vor allem der Edelmetalle Gold und Silber, bei gleichzeitiger Christianisierung der Bevölkerung zum Heil der eigenen Seele. Selbst da, wo Berichte von Inka-Abstämmigen selbst verfasst wurden, verfolgen sie immer einen Zweck und zielen auf das Wohlwollen der ihnen überlegen scheinenden Adressaten. Und die Eroberer förderten das Unterlegenheitsgefühl der Indios (heute heißt es politisch korrekt: Indigenas) noch, in dem sie ihre gesellschaftspolitischen Leistungen nicht würdigten.

„Obwohl die Spanier eng mit Angehörigen der inkaischen Elite und anderen Einheimischen zusammenlebten, befanden sie sich zunächst am Rand einer Welt, die ihrer gewohnten Kultur sehr fremd war, und beobachteten von dort als Augenzeugen die Ordnung, die die Inka aufgebaut hatten. Zunächst schrieben sie einfach ihre Beobachtungen auf; sie waren beispielsweise besonders von den monumentalen Bauten der Inka beeindruckt. Was wir über die Inka erfahren können, ist in solchen Berichten zu finden, aber viele wichtige Aspekte andiner Kultur wurden kaum wahrgenommen oder übersehen." (Julien, C. 2007, S. 11) Dies gilt in besonderem Maße für die Verwaltung und Organisation des Inka-Staates. Um hier Einblick und Überblick zu bekommen, hätten sich die Spanier auf die ihnen fremde Kultur einlassen und sie von innen heraus studieren müssen, anstatt sie blindlings zu zerstören und anschließend über die Trümmer den Stab zu brechen.

Die spanischen Chronisten orientieren sich bei ihren landeskundlichen Beschreibungen an den Mythen und Legenden, aus denen die Inka ihre Herkunft ableiten. Sie streichen die fantastischen Elemente und filtern so scheinbar die historischen Tatsachen aus den Berichten heraus. Damit folgen sie dem in der morgendämmernden Neuzeit verbreiteten Paradigma, wonach alle menschlichen Gesellschaften ähnliche Entwicklungsstufen durchlaufen haben. Die Inka zählen in ihren Augen zu den primitiven Kulturen. Entsprechend gehen die Schreiber davon aus, dass sich ihr Geschichtsbewusstsein aus Mythen zusammensetzt und nicht aus historischen Tatsachen. Der heute bekannten tatsächlichen historischen Entwicklung der Inka und ihrer Kulturleistungen konnten sie damit natürlich nicht gerecht werden.

Begriffe und Begriffsklärung

Die teils beabsichtigte, teils unbewusste Fälschung der Geschichte beginnt schon bei der Namensgebung. In den Chroniken der Eroberer bezeichnet der Begriff „Inka" in der Regel die Nachkommen der an der Westküste Südamerikas entdeckten Völker. Historisch ist das falsch. „Inka" nach ihrem eigenen Verständnis sind zum einen die Angehörigen des ursprünglich am Titicacasee beheimateten Volkes, die im späteren, deutlich größeren Reich zur Herrscherklasse aufsteigen, zum anderen der Anführer dieser Aristokratenklasse, wenn man will: der Monarch. Das Wort

„Inka" bezeichnet also gleichzeitig eine Volkszugehörigkeit, eine gesellschaftliche (Führungs-)Funktion und die Zugehörigkeit zu einer Elite. Echte Söhne der Sonne waren in dem großen Inka-Reich nur wenige Menschen, und diese Position musste ständig aufs Neue erobert, verteidigt und durch die Zuschaustellung von Reichtum und Ansehen gefestigt werden.

Ich verwende den Begriff Inka deshalb sowohl für das ursprüngliche Volk, für die herrschende Elite in dem Land, das von den Inka selbst Tawantinsuyu („Reich der vier Weltgegenden") genannt wird, und für den jeweiligen als gottgleich betrachteten Anführer der Inka.

Die Berichte der Chronisten

Auf der Grundlage der während der Conquista entstandenen Schriften bildet sich die offizielle Geschichtsschreibung heraus. In Dokumenten festgehalten sind Herkunft und Genealogie der Inka-Fürsten, ihre Kämpfe und Eroberungen, die Zeugnisse ihrer Macht und ihr Untergang nach Ankunft und kurzem Siegeszug der weißen Männer aus Europa. „Die Spanier haben dem ihnen Erzählten vermutlich eine chronologische Ordnung gegeben, das heißt, sie haben die inkaische in eine den Spaniern geläufige Form übertragen", vermutet die Historikerin Catherine Julien (Julien, C. 2007, S. 12f) zu Recht. „Wenn beispielsweise die Spanier ihre Informationen von den Bewahrern der

Lebensgeschichten einzelner Herrscher gesammelt haben, dann ist die historische Abfolge der Inka-Herrscher, die sich in den meisten Geschichtswerken findet, möglicherweise die Folge einer Interpretation der Quellenangaben, da eine chronologische Abfolge wie in der spanischen Geschichtsschreibung eingeführt wurde. Die Abfolge der Herrscher wäre dann eine Hispanisierung der ursprünglichen inkaischen Überlieferung".

Wesentliche Grundlage der offiziellen Geschichtsdarstellung sind die Werke der Chronisten Juan de Bentanzos, Felipe Huaman Poma de Ayala und Garcilaso de la Vega.

Abbildung 2: Der Chronist Garcilaso de la Vega, dargestellt von José Maea y Bartolomé Vazquez

Der spanische Pizarro-Gefolgsmann *Juan de Betanzos* heiratet die Schwester Atahualpas, des letzten Herrschers des Reiches, und schreibt zwischen 1551 und 1558 nieder, was ihm seine Frau und andere Angehörige des indigenen Volkes erzählen. Sein Werk „Suma y Narración des los Incas" gibt einen exzellenten Überblick über die Herkunftsmythen der Inka. (Betanzos, J. de, 1551-1558/2004)

Felipe Huaman Poma de Ayala wird 1567 als Sohn einer adligen Inka-Frau (zu seinen direkten Vorfahren gehört der Inka-Herrscher Tupac Yupanqui) und eines Provinzfürsten geboren. In einem knapp 1.200-seitigen Brief beschreibt er dem spanischen König Phillip III. die Welt der Inka und beklagt sich ausführlich über die Ungerechtigkeiten und Gräueltaten der Spanier. Seine "Nueva Corónica y Buen Gobierno" (Neue Chronik und gute Staatsverwaltung) wird zwischen 1600 und 1615 in mit transkribierten Quechua-Wörtern angereichertem Spanisch verfasst und vom Autor mit mehr als 400 Zeichnungen über die Kultur und den Alltag der Inka illustriert. Sein Bericht ist nicht nur eine Klageschrift, sondern enthält auch konstruktive Vorschläge zum Umgang mit dem entdeckten Volk. Es ist nicht bekannt, ob König Phillip III. den Brief jemals erhält. Die Schrift gerät in Vergessenheit und wird erst 1908 in der Königlichen Bibliothek in Kopenhagen wiedergefunden. (Pomo de Ayala, Guaman, 1600–1615/1936).

Der 1539 geborene *Garcilaso de la Vega* ist ein direkter Nachkomme der Inka und über seine Mutter Chimbu

Occlo ein Urenkel von Tupac Yupanqui. Sein Vater ist ein adliger spanischer Offizier namens Don Sebastian García de la Vega. Nach dessen Tod entschließt sich Garcilaso de la Vega, nach Spanien überzusiedeln. Dort schreibt er die „Comentarios Reales que tratan del Origen de los Incas" (deutsch: „Wahrhaftige Kommentare zum Reich der Inka"), ein umfangreiches Werk über die präperuanische Geschichte und Kultur. Der erste Teil wird 1609 in Lissabon veröffentlicht, den zweiten Teil „Historia general del Perú" vollendet Garcilaso im Jahre 1617, kurz vor seinem Tod.

Nach einem Dokument aus dem 17. Jahrhundert, das die italienische Historikerin Laura Laurencich-Minelli 1996 der Fachwelt präsentiert, ist allerdings nicht Garcilaso Urheber der Comentarios, sondern ein mestizischer Jesuitenpater namens *Blas Valera*. De la Vega habe Blas Valera nur seinen Namen für die Veröffentlichung geliehen. „Laura Laurencich-Minelli, Professorin für präkolumbianische Geschichte und Kultur an der Universität Bologna hat viel Aufsehen erregt, als sie auf dem 4. Ethnohistorischen Kongress in Lima 1996 ein Dokument vorgestellt hat, das in den achtziger Jahren in Neapel gefunden wurde. Nach diesem Manuskript hat Guaman Poma de Ayala für die Nueva Cronica angegeben, der wirkliche Autor sei der jesuitische Mestize Blas Valera. Dieser Autor war bis dahin vor allem als Urheber zahlreicher Zitate bekannt, die der Inca Garcilaso in seinen Wahrhaftigen Kommentaren (Comentarios Reales) verwendet". (Gumucio, J. C., 2000).

Auch Blas Valera war Abkömmling einer indianischen Mutter und eines Mannes aus dem Gefolge von Pizarro. Die Authentizität des Dokumentes und einiger anderer in diesem Zusammenhang an anderen Stellen aufgetauchter Zeugnisse war lange Zeit umstritten. Inzwischen geht man davon aus, dass sie tatsächlich aus dem 17. Jahrhundert stammen. Für uns interessant sind diese Dokumente nicht so sehr wegen des Urheberrechtsstreites, sondern weil sie auf die Existenz einer Art textilen Schriftsprache der Inka hinweisen: „(…) details about reading literary quipus, Inca documents which were written using a combination of textile ideograms and knots." (Zoppi et al., 2000)

Minelli überrascht die Historiker mit der Behauptung, dass es über die für die Verwaltung wichtigen Aufzeichnungsmedien der Knotenschnüre (Quipu) hinaus – die Inka kannten keine Schrift im modernen Sinne (siehe Kapitel 3) –, die in erster Linie Zahlen und Fakten enthielten, auch literarische Textquipu gegeben habe: „Blas Valera beschreibt auch das „königliche Quipu' (Quipu regal) oder capacaquipu, das nur vom Adel verwendet wird, um eine ideographisch-phonetische Silbenschrift, mit der Texte und heilige Gesänge vermittelt werden, festzuhalten. Das geschieht auf der Basis einer Reihe von Ideogrammen, die phonetisch gelesen werden können. Sogenannte ticcisimi oder Schlüsselworte waren in einer der Kordeln eingefügt, während die Anzahl der Knoten am unteren Teil der Kordel für Silben stand, die sich daraus erschließen und phonetisch lesen ließen." (Laurencich-Minelli, L., 2004. Übersetzung vom Autor.)

Sollte nachgewiesen werden können, dass die Inka über eine eigenständige Schrift verfügt haben – sei es in Form einer geheimen Schrift, die nur innerhalb der höchsten Inka-Klasse weitergegeben wurde und deswegen mit ihr vernichtet wurde, oder sei es in Form phonetisch lesbarer Quipu –, dann wird die Geschichtswissenschaft die bisherige Betrachtung der Inka überdenken und das andine Volk als Hochkultur einstufen müssen. In Anbetracht der kulturellen und organisatorischen Errungenschaften, ihrer städtebaulichen und Verwaltungskunst besteht daran für mich keinerlei Zweifel.

Eine spätere Chronik verfasst der Inka Titu Kusi Yupanki. Elf Jahre lang, von 1560 bis 1571, regiert dieser Inka dank seines diplomatischen Verhandlungsgeschickes im Umgang mit den Spaniern von Vilcabamba aus einen Teil des ehemaligen Inka-Reiches und sieht sich dabei als legitimer Nachfahr und Erbe von Manko Inka, der nach einem Aufstand im Jahre 1536/1537 diesen neuen Inka-Staat begründet hatte. Titu Kusi schreibt eine „raffiniert ausgearbeitete Rede, die unter veränderten, ja katastrophalen Umständen, den Herrschaftsanspruch der Inka ideologisch untermauert und zu behaupten sucht". (Lienhart, M., in Yupanki, T.K. 2003, S. 15).

Die Geschichte der Inka ist noch nicht vollends erforscht

Aufgrund der jahrelangen angespannten politischen und sozialen Verhältnisse in den modernen Andenstaaten sind viele wichtige archäologische Stätten erst seit der Jahrtausendwende gründlich erforscht und bearbeitet worden. So wurden 1999 die Ruinen einer riesigen Inka-Stadt namens Corihuayrachina in den peruanischen Anden entdeckt. Die Siedlung besteht aus mehr als 100 Gebäuden, darunter eine Pyramide, mehrere Mausoleen sowie ein acht Kilometer langer Bewässerungskanal. Die wissenschaftliche Auswertung der dort gemachten Funde ist noch in vollem Gange und wird sicher noch viele Überraschungen bergen.

Der unermüdlichen archäologischen Forschungsarbeit von Brian Bauer vom Department of Anthropology der University of Illinois in Chicago ist es zu verdanken, dass in den 1990er und 2000er Jahren rund um Cuzco eine ganze Reihe von archäologischen Stätten gefunden und erforscht wurden.

Das älteste bisher bekannte Quipu wurde erst 2005 in den Ruinen von Caral unweit von Lima gefunden. Er wird einem Volk zugeordnet, das zwischen 3000 und 1600 vor Christus an dieser Stelle siedelte. Ihm verdanken wir die Erkenntnis, dass die mnemotechnische Methode, Zahlen und Fakten in Form von Knoten in genau festgelegten Anordnungen festzuhalten in der Region eine lange Tradition hat. (cf. Schmidt-Häuer, C., 2008)

Die Analyse und Auswertung der archäologischen Funde der vergangenen Jahre wird sicherlich noch viele neue Erkenntnisse über die Inka und ihre Vorgängerkulturen bringen. In der vorliegenden Publikation stütze ich mich auf die bisherigen Veröffentlichungen und auf die Analyse der zahlreichen von Inka und Spaniern verfassten Chroniken aus dem 16. Jahrhundert. Aus ihnen und aus den wissenschaftlich ausgewerteten archäologischen Funden lässt sich ein Bild des Inka-Staates ableiten, das eindrucksvoll beweist, wie klug, wie strategisch und wie human dieses Reich aufgebaut war:

Die Tugend der Sorge von Regierungen für ihre Völker – die Inka haben sie vorweggenommen und vorbildlich umgesetzt.

Die Fähigkeit, die Angehörigen anderer Völker vorbildlich in das Staatswesen zu integrieren und keine Hassgefühle aufkommen zu lassen – die Inka waren Meister darin.

Die enorme Leistung, den Überblick über alle Menschen, sämtliche Bestände und jedes tagtägliche Vorkommnis in einem Reich von gewaltigen Ausmaßen zu behalten – die Inka haben bewiesen, dass dies möglich ist.

Und, ein Treppenwitz in der Geschichte, die geradezu christliche Fürsorge für die Alten, Kranken und Schwachen im Reich – die Inka können als Humanisten im besten Sinne gelten.

Sei kein Dieb, kein Lügner und kein Faulpelz

Dabei ist ihr Staatswesen alles andere als eine „soziale Hängematte". Das Grundgesetz für alle Bewohner des Inkar-

Reiches lautet auf Quechua: „Ama sua, ama llula, ama quella" (sei kein Dieb, sei kein Lügner, sei kein Faulpelz). Wer sich an dieses Gebot hält, hat es gut. Sein Ernährungs- und Gesundheitsstand liegt weit über dem Standard seiner europäischen Zeitgenossen. Er kann sich und seine Familie versorgen, bekommt Hilfe bei Verletzungen oder Krankheit und weiß, dass er und die Seinen auch bei Ernteausfällen auf die gut ausgestatteten Lager und Scheunen der Verwalter zählen können. Die Zufriedenheit des Volkes sorgt für stabile Verhältnisse innerhalb des Staates.

Wer zum Reich der Inka gehört, ist in eine feste Hierarchie eingebunden. Sie in Frage zu stellen, ist für ihn nicht denkbar. Die gesellschaftliche Hierarchie ist fester Bestandteil eines Staatssystems, das die Menschen beschäftigt, ohne sie zu überfordern, und das sie mit allem Nötigen versorgt, ohne ihre Leistungsmotivation zu erodieren. Jede Schritt, jede Tätigkeit, jede Vergnügung folgt festen Regeln. Sie zu vernachlässigen, ist schlechterdings unmöglich.

Die räumlichen Grenzen des Inka-Reiches sind durch den Pazifik auf der einen Seite und den undurchdringlichen und von feindlichen Völkern bewohnten Dschungel auf der anderen Seite gesteckt. Seine ideellen Grenzen werden täglich aufs Neue durch Zählungen, Kontrollen, Rituale und die allgegenwärtige Ehrfurcht vor der Inka-Aristokratie gefestigt. Was uns heute nahezu totalitär anmutet, ist für die Bewohner des Inka-Staates ein Segen. Hunger, Leid und Entbehrungen aus der Zeit vor der Inka-Herrschaft haben sich tief ins kollektive Gedächtnis gegraben. Solange die Söhne der Sonne dafür sorgen, dass in Tawantinsuyu alles seinen geregelten Gang geht, die Versorgung gewährleistet ist und die Macht des Inka nicht in Frage gestellt wird, ist mit einem Aufbegehren von Seiten der ihrer selbstverwalteten Obrigkeit beraubten Völker nicht zu rechnen. Wer satt ist, wer es warm hat und sich sicher und geborgen fühlt, der rebelliert nicht.

Um diesen Frieden zu erreichen, handeln die Herrscher strategisch klug und mit Bedacht. Nach jedem Sieg im Kampf studieren sie die Künste und Fähigkeiten der ihnen unterlegenen Völker, lernen neu, wo es ihnen sinnvoll scheint und entwickeln das aufgesogene Know-how weiter. Mit diesem Lern- und Wissensmanagement und durch kontinuierliche Forschung und Entwicklung haben sie eine Hochkultur geschaffen, deren Gesamtbild sich uns erst allmählich erschließt.

Natürlich ist nicht jedes Vorgehen der Inka auf die moderne Welt übertragbar. In vielem aber zeigt die Analyse, dass die Inka richtungweisende Strategien entwickelt haben, von denen wir lernen können, wie sich das Zusammenleben von Menschen unterschiedlicher Herkunft in größeren Strukturen optimieren lässt. Die auf Reziprozität – also Geben und Nehmen – und Fürsorglichkeit der Mächtigen beruhende Verwaltung des gewaltigen Landes könnte ein Vorbild sein. Auch und gerade für moderne Administrationen.

KAPITEL 2

2 Historische Einordnung
Die Hochkultur zwischen Amazonas und Pazifik

Anders als das Reich der Maya, das bereits versunken war, als die Spanier an seinen Ufern landen, steht die Hochkultur der Inka zu Beginn des 16. Jahrhunderts in voller Blüte. Es ist die Zeit der Ankunft wagemutiger Conquistadores, die von Sevilla und Cádiz aus kommend nach dem sagenumwobenen *El Dorado*, dem Goldland, suchen. Finden werden sie es nie. Zwar entdecken die Abenteurer hoch oben im atemberaubenden Gebirgsmassiv der südamerikanischen Anden unglaubliche Schätze. Doch weil ihre Augen einzig auf schimmerndes Edelmetall ausgerichtet sind, werden sie bei ihren Beutezügen manches übersehen, das für die Menschen ungleich wertvoller ist als Gold und Silber.

Seit dem Ende des 13. Jahrhunderts hat das in der Gegend um Cusco (auch: Cuzco) beheimatete Völkergemisch aus 200 ethnischen Gruppen, das nach der Aristokratenfamilie der Inka benannt ist, ein ausgedehntes Reich aufgebaut. Unter der Leitung der Inka-Herrscher haben Männer und Frauen an den steilen Hängen der Kordilleren die seit Jahrhunderten bekannte Agrikultur der Terrassenfelder weiterentwickelt und perfektioniert, mehr als 40.000 Kilometer befestigte Straßen gebaut und eine florierende Planwirtschaft begründet. Als die Spanier 1532 auf der Suche nach Ruhm und

Reichtum auf die Menschen dieser andinen Hochkultur treffen – fünf Jahre zuvor haben sie in Tumbes im heutigen Panama einen Stützpunkt errichtet –, finden sie ein Reich vor, das sich auf rund 950.000 Quadratkilometern ausdehnt. Das Herrschaftsgebiet der Inka erstreckt sich vom modernen Ecuador über Peru bis weit hinein nach Chile.

Rituelles, administratives und kulturelles Zentrum des Inka-Staates ist die Hauptstadt Cusco (3.500 Meter über dem Meeresspiegel.) im Hochgebirge des heutigen Peru. Von da aus hatte nicht viel mehr als 100 Jahre zuvor ein über viele Jahre dort sesshaftes Volk eine Eroberungsstrategie gestartet, in deren Verlauf es sein Machtgebiet und seinen Einfluss über fast die gesamte Länge des südamerikanischen Kontinents ausdehnen konnte. Das Sonnenreich der Inka ist ein Vielvölkerstaat, der von der Elite eines einzigen Volkes beherrscht, politisch geführt und verwaltet wird. Inka im strengen Sinne sind nur die weitverzweigten Angehörigen dieser Adelsfamilie. Die eroberten und hierarchisch untergeordneten Völker behalten ihre ethnische Identität als Ayarmarcas, Anta, Guayllacanes, Cuyos, Pinaguas, Mascas, Quiguares, Uros und Chilques und fügen sich in das von den Inka geleitete und geprägte Staatswesen ein.

Ein kleines Volk erobert ein großes Reich

Die Mythologie der Inka enthält verschiedene Legenden über die Entstehung und Ausbreitung des Volkes und über seinen selbst erklärten Herrschaftsanspruch. Am weitesten verbreitet ist die vom Chronisten Garcilaso Inca de la Vega (1539–1616) wiedergegebene. „Aus der mittleren von drei Höhlen in einem Felsen am Ort Tampu T'oqo (heute Tampotoco) kamen vier Brüder und vier Schwestern hervor. Zwei von ihnen, Manqo Khapaq (auch: Mango Capac) und Mama Oqllo Waku, sollten die Urahnen der Inka werden. (…) Die acht Geschwister zogen nach dem Höhlensprung durch die nähere Umgebung und setzten sich mit den Menschen auseinander, die ihnen begegneten." (Riese, B., 2004, S. 28)

Auf der Wanderung heiraten Manqo Khapaq und Mama Oqllo Waku und zeugen den Sohn Sinchi Ruka, der zum Stammvater aller Inka werden soll. Gemeinsam unterwerfen die Geschwister die örtliche Bevölkerung und rotten sie aus. Nachdem sich die drei anderen Brüder nach und nach in steinerne Huaca (Heiligtümer) verwandelt haben, suchen Manqo und seine Schwestern einen Ort, um sich niederzulassen. Der Sonnengott, der sie gesandt hatte, gab ihnen einen goldenen Stab mit auf den Weg. Wo es ihnen gelänge, diesen mit einem Schlag in die Erde zu treiben, sollten sie ihren Wohnsitz gründen.

Über verschiedene Orte gelangten „er und sein Weib, unsere Königin, in dieses Tal von Cuzco, das damals nur wildes Gebirge war." (Vega, G. de la, 1609/1983, S. 19) Dort fanden sie die prophezeite Stelle und gründeten die Stadt Qusqu (Cusco) – ein Wort, das in Quechua, der Sprache der

Inka, „Nabel der Welt" bedeutet. Cusco wird zum religiösen, politischen und administrativen Zentrum des Inka-Staates und soll es bis zu seinem Untergang bleiben.

Wie die meisten Gründungsmythen enthält auch diese Legende einen wahren Kern. Den Inka-Herrscher Mango Capac hat es vermutlich wirklich gegeben. Vielleicht begründet er tatsächlich eine mächtige Inka-Dynastie aufeinanderfolgender Herrscher, zu der sich stets Bruder und Schwester ehelich verbinden. Die Sonne hat wohl auch schon vor Mango Capac eine große Rolle in der Religion der Inka gespielt, wird aber spätestens zu diesem Zeitpunkt zu einem Dreh- und Angelpunkt ihres Kultes. Am Beginn des rasanten Aufstiegs des kleinen Volkes stehen aber auf jeden Fall eher glückliche Umstände und strategisch kluges Verhalten denn als Legitimation herbeigedichtete göttliche Fügung.

Glück und strategisches Geschick

Das Volk der Inka siedelt schon lange in der Gegend um Cusco. Dem amerikanischen Archäologen und Historiker Brian Bauer ist es zu verdanken, dass wir seit den 1980er Jahren genauere Erkenntnisse darüber haben, wie es zu ihrem Aufstieg gekommen ist. Nach seinen Studien entsteht der Inka-Staat zwischen 1200 und 1300 im Tal von Cusco, nachdem um 1100 nach einer langen Dürrezeit die ehemaligen Herrscher der Region untergegangen waren.

Im Hochland wird um Wasser und Nahrung gekämpft, es kommt zu Plünderungen, und verzweifelt suchen viele Menschen Schutz in den lebensfeindlicheren Höhenlagen der Anden.

Die im fruchtbaren, gut bewässerten Tal um Cusco ansässigen Bauern stellen sich den Eindringlingen klug entgegen. Anstatt sich untereinander in Rivalitäten zu verzetteln, schließen sich die Dörfer zusammen und organisieren eine durchdachte Verteidigungskette gegen die Menschen aus den Bergen. Zwischen 1150 und 1300 erwärmt sich das Klima wieder. Nun ziehen die standhaften und deshalb letztlich siegreichen Inka in die Berge. Dort legen sie Terrassenfelder an, errichten Bewässerungssysteme und bauen Mais und andere Feldfrüchte an. Die Ernten fallen so reichlich aus, dass Vorräte zurückgelegt werden können. Dieser Reichtum gibt den Inka die Freiheit, sich anderen Aufgaben zu widmen. Sie stellen eine Armee auf, beginnen die Welt um sie herum zu erforschen und perfektionieren ihre architektonischen und straßenbaulichen Fähigkeiten.

„Mit diesem Trumpf in der Hand begannen die Inka-Könige, ein Auge auf fremdes Land und fremde Reichtümer zu werfen. Sie knüpften Bündnisse mit benachbarten Adligen, nahmen deren Töchter zu Frauen und verteilten großzügige Geschenke an neue Verbündete. Wies ein Rivale ihre Avancen ab oder stiftete Unruhe, drohten sie mit Waffengewalt. Einer nach dem anderen unterlagen die Häuptlinge aus den umliegenden Tälern, bis es nur noch einen Staat und eine Hauptstadt gab: Cusco. Alsbald ließen die Inka-Könige ihren Blick in die Ferne schweifen und nahmen die fruchtbaren Gebiete um den Titicacasee ins Visier. Schließlich, nach 1400, begann der Herrscher Pachacutec Inca Yupanqui, Pläne für die Eroberung des Südens zu schmieden. Für ein eigenes Imperium." (Pringle, H. 2011, S. 38).

Gleich ihrem Urvater Mango Capac fühlen sich die Inka herausgehoben aus der Menge der Völker. Ihren Herrschaftsanspruch leiten sie aus ihrem Gründungsmythos ab, und mit der wachsenden Ausdehnung ihres Imperiums steigt ihr Selbstbewusstsein als erwählte Elite mit besonderen Fähigkeiten und Ansprüchen – aber auch mit einer besonderen Verantwortung für die ihnen unterlegenen Völker.

Mit Mango Capac beginnt die von den Spaniern nach den Erzählungen der Inka festgelegte, offizielle Dynastie der Inka-Herrscher. Nach Auffassung moderner Anthropologen und Geschichtswissenschaftler ist aber erst die Herrschaft von Pachacutec Inca Yupanqui historisch verbürgt. Insgesamt herrschen 14 Könige in dynastischer Folge, wobei die Regentschaft stets vom Vater auf den Sohn übergeht. Häufig kommt es dabei zu Streitigkeiten unter den Nachkommen, weil es für die Nachfolge keine verbindliche Regelung gibt und viele Herrscher mehrere Frauen und entsprechend viele Söhne haben.

Einer nicht bestätigten Hypothese zufolge wurden die Inka nicht nur von einer, sondern parallel von zwei monarchischen Dynastien beherrscht. Diese sogenannte Diarchie war den Spaniern, auf deren Zeugnissen und Berichten die herrschende Geschichtsschreibung fußt, völlig wesensfremd; sie nimmt in den Aufzeichnungen daher kaum Raum ein, kann aber nicht grundsätzlich ausgeschlossen werden.

Tahuantinsuyu – Reich der vier Gegenden

Das Herrschergeschlecht der Sapay Inca	
Mango Capac	Gilt als Stammvater der Inka und gründete dem Mythos nach etwa 1200 n.u.Z. die Stadt Cusco
Simi Roca	
Lloque Yupanqui	
Maita Capac	
Capac Yupanqui	
Inka Roca	Führt als Erster den Herrschertitel Inka im Namen
Yahuar Huaca	
Viracocha	
Pachacutec Yupanqui	Regierungszeit: 1438–1471
Tupac Yupanqui	Regierungszeit: 1471–1493
Huayna Capac	Regierungszeit: 1493–1527

Huascar	Regierungszeit: 1527–1532 (regierte nach dem Tode von Huayna Capac in Cusco)
Atahuallpa	Regierungszeit: 1527–1532 (regierte nach dem Tode von Huayna Capac in der ecuadorianischen Residenz Tumipama und wurde 1533 aufgrund des Urteils eines spanischen Kriegsgerichtes hingerichtet.)

Abbildung 3: Zusammengestellt nach Angaben in Vega, G. de la, 1609/1983. Ob diese Reihenfolge tatsächlich historisch korrekt ist, lässt sich nur vermuten. Insbesondere für die Zeit vor 1438 wurden bisher keine die Chronologie bestätigenden Nachweise gefunden.

Der gottgleiche Herrscher über das Volk der Inka trägt den Titel Sapay oder Sapan Inca (= einiger Inka). Er gebietet über ein Land, das Tahuantinsuyu genannt wird, Land der vier Teile, weil es analog zu den vier Bezirken der Hauptstadt Cusco gewachsen und organisiert ist. Grundlegend ist dabei eine Teilung in Hälften namens Hanansaya und Hurinsaya, deren jede für sich noch einmal geteilt ist.

Diese Teilung in Hälften und Viertel gehört zu den wichtigsten Organisationsprinzipien der Inka. „Als die Gruppe von Mango Capac nach und nach größer wurde, wuchs auch die Stadt Cuzco in einem Maße, daß die vier Quartiere nicht mehr der topographischen Realität entsprachen. Dennoch wurde die Vierteilung beibehalten, indem es vier Chefs gab, welche in der zweiten Lebensphase von Cuzco die soziopolitische und machtmäßige Expansion symbolisierten. (…) Mit der Entwicklung des Inka-Reiches wuchsen die vier ‚Quartiere' noch einmal so stark, daß sie erweitert wurden, und so bilden Chinchasuyu, Antisuyu, Cuntisuyu und Collasuyu zusammen schließlich Tahuantinsuyu, ‚die vier Gegenden der Welt'." (Rostworowski, M. ,1997, S. 180) Antisuyu (auch: Andesuyo) bezeichnet den östlichsten Teil. Der Begriff wird heute für das östliche Tiefland Perus (Amazonien) verwendet. Chinchaysuyu (auch: Chinchasuyu oder Chinchasuyo) ist der Name des Nordteils, der bis in das heutige Kolumbien hineinreicht. Kuntisuyu (auch: Contisuyu, Condesuyo oder Contisuyo) ist das kleinste Teilreich im Westen und liegt an der Pazi-

Abbildung 4: Das Inka-Reich erstreckte sich über weite Teile des heutigen Peru, Bolivien und Chile bis nach Ecuador und Teile von Kolumbien

fikküste. Qullasuyu (auch: Qollasuyu, Collasuyu oder Collasuyo) erstreckt sich im Süden bis in das heutige Argentinien hinein. Der Name stammt von der Bezeichnung des Volkes der Qulla. Heute wird der Begriff in den indigenen Sprachen Quechua und Aymara auch als Bezeichnung für Bolivien verwendet. „Die Teile waren nicht gleichwertig: Chinchaysuyo und Collasuyo waren größer und hatten ein höheres Prestige als Andesuyo und Condesuyo." (Julien, C. 2007, S. 9)

Interkulturelles Lernen als Erfolgskonzept

In ihrer eigenen, mangels schriftlichen Hinterlassenschaften lückenhaften und interpretationsfähigen Geschichtsschreibung, betrachten sich die Inka als zivilisiertes Volk, das mit den Göttern verwandt ist und Kultur unter barbarische Völker bringt. Allerdings: „Die technischen und künstlerischen Leistungen der Inka waren die Folge eines Entwicklungsprozesses von Jahrtausenden andiner Kultur, dabei waren die Inka die Erben früherer andiner Staaten, wie die Ergebnisse archäologischer Forschungen gezeigt haben." (Julien, C., 2007, S. 9f.)

Die ältesten bisher gefundenen Quipu – Knotenschnüre, mit denen Aufzeichnungen angefertigt werden konnten und um deren Anerkennung als Schrift die Wissenschaft bis heute streitet; mehr dazu weiter hinten – stammen aus der Zeit vor Christi Geburt. Das ist ein deutlicher Beleg dafür, dass sich diese Mnemotechnik im präkolumbischen Peru – also in den Jahrhunderten vor der Entdeckung des Cristóbal Colón oder Christoph Kolumbus' – erhalten und weiterentwickelt hat. Auch ihre Kenntnisse über Medizin, Landwirtschaft und Architektur haben die Inka nicht innerhalb weniger Jahre selbst zusammengetragen, sondern im ständigen Austausch mit benachbarten Völkern und durch eigene Forschungen unermüdlich verbessert.

Land-, Straßenbau und Architektur

Die Inka gestalten das Land, in dem sie und die von ihnen kolonialisierten Völker leben, und sie geben ihm ein einzigartiges Gesicht. Ein ausgedehntes Netz von rund 40.000 Kilometern gut ausgebauter Straßen zieht sich durch die an Höhen und Tiefen reiche Landschaft. Im Abstand von Tagesmärschen sorgen Rasthäuser für das Wohlbefinden der Reisenden.

Eine Art Fernmeldesystem mit speziell ausgebildeten Läufern (Quasqui) bringt wichtige Informationen innerhalb von nur vier Tagen vom einen Ende des Landes zum anderen. Das Land und die Gesellschaft sind wohl organisiert, strukturiert und durchdacht. Mit für unsere Verhältnisse sehr begrenzten technischen Mitteln – die Inka entwickeln weder das Rad noch irgendeine Art von Flaschenzug, ihr kräftigstes Lasttier ist das Lama – gestalten sie die Landschaft über Tausende von Quadratkilometern nach ihren Vorstellungen.

Bewässerung

Ein klug angelegtes System von Bewässerungsgräben durchzieht die Ebenen sowie die an den steilen Hängen der Anden angelegten Terrassenfelder und sorgt für sichere Ernteerfolge. Zum Teil werden ganze Täler terrassiert, um so ein mildes Mikroklima entstehen zu lassen. Davon profitieren die landwirtschaftlichen Erträge (vgl. Protzen, J.-P., 1997, S. 193).

Wie ausgeklügelt die Bewässerungstechnik der Inka ist, lässt sich noch heute in der hochgelegenen Terrassenstadt Machu Picchu erleben, wo Quellwasser durch Leitungen in die Stadt geführt und dort über ein weit verzweigtes System verteilt wird. Es dient nicht nur zum Bewässern der Terrassenfelder, sondern auch als Trink- und Brauchwasser. „In der Stadt mündet der Kanal bei der Haupttreppe in eine Staffel von 16 rechteckigen Wasserbecken. Diese Becken sind meist aus dem anstehenden Fels gehauen und von einer kleinen Steinumfriedung eingefaßt. Ihre Wände weisen eine oder zwei Nischen auf, in denen man bequem etwas abstellen kann. Die Wasserzufuhr zu den Becken ist sorgfältig aus dem Fels geschlagen, manchmal in etwa einem Meter Höhe über dem Becken mit einer aus der Wand austretenden kleinen Tülle versehen, so dass das Wasser sich ungehindert ins Becken ergießen konnte. Ein Abflußkanal von vier bis fünf Zentimeter Querschnitt führt es anschließend dem nächsten Becken zu." (Riese, B., 2004, S. 70f).

Noch heute prägen von den Indios angelegte Terrassen und Bewässerungskanäle die Landschaft in den Anden und im schmalen Küstenstreifen.

Abbildung 5: Terrassenfelder in Moray

Architektur und Stadtplanung

Als die Spanier das Land, das sie erobert haben, in Augenschein nehmen, sind sie beeindruckt von den Bauten der Inka. Alexander von Humboldt, der Anfang des 19. Jahrhunderts Peru bereist, bemerkt als Erster die homogene Architektur und beschreibt sie als „von Einfachheit, Symmetrie und Solidität gekennzeichnet" (zit. nach Protzen, J.-P., 1997, S. 196). Tatsächlich sind der Stil der Gebäude und ihre Formensprache im gesamten Inka-Reich ähnlich. Allerdings sind die Ingenieure der Inka wahre Meister darin, Gebäude, Gebäudekomplexe, ja ganze Städte an die landschaftlichen Gegebenheiten anzupassen. Dafür nehmen sie häufig umfassende Eingriffe im Gelände vor und passen es ihren Bedürfnissen an. Hügel werden eingeebnet, Felsen beschlagen, Hänge terrassiert. Trotzdem sind alle Bauwerke zweckmäßig und klug konzipiert und fügen sich harmonisch in die Umgebung ein.

Diesen Sinn für den großen Überblick beweisen auch die Städte der Inka. Keine Inka-Siedlung entsteht zufällig. Vielmehr planen die Inka ihre Städte mit großer Umsicht und bis in das kleinste Detail. Dabei passen sie sich so weit wie möglich dem Gelände und dem Zweck der Stadt an.

Die älteste ständig bewohnte Stadt Südamerikas

Für Ollantaytambo zum Beispiel, der ältesten ständig bewohnten Stadt in ganz Südamerika (Protzen, J.-P., 1997, S. 205), wählen sie ein Gelände an der Mündung des Patakancha in den Río Urubamba. „Die Stadt steht auf einer schmalen Flußterrasse mit geringer Neigung, die zwischen dem Cerro Pinkuylluna im Osten und dem Fluß Patakancha im Wesen künstlich eingeebnet wurde. Bei der Planung wurde darauf geachtet, daß keine wichtigen Ackerbauflächen verloren gingen, daß die Ackerbauterrassen im Norden und Süden aber gut zugänglich waren." (Protzen, J.-P., 1997, S. 206)

Die Straßen von Ollantaytambo sind regelmäßig angelegt und bilden in der Draufsicht ein Trapez aus sieben Quer- und vier Längsstraßen. Die mittlere Querstraße teilt die Stadt in eine Nord- und eine Südhälfte. Dazwischen befindet sich zur Inka-Zeit vermutlich ein öffentlicher Platz. Auch hier ist deutlich die für die Inka typische Aufteilung der Verwaltungseinheiten in zwei Hälften zu sehen.

Machu Picchu – das achte Weltwunder der Architektur

Prominentestes Beispiel für die Städtebaukunst der Inka ist die Ruinenstadt Machu Picchu, die sich auf 2.360 Metern Höhe über dem Meeresspiegel an einen Bergrücken der Anden schmiegt. Diese eventuell schon vor der Conquista von den Inka aufgegebene Stadt gehört zu den beeindruckendsten urbanen Komplexen des gesamten Kontinents.

Bis heute ist nicht geklärt, warum die Inka ausgerechnet hier mit viel Aufwand aufwändige Terrassen und vielfältige Wohn- und Gemeinschaftsgebäude errichten und dem Berg einen für viele Menschen geeigneten Lebensraum abtrotzen. Der Ort könnte eine Grenzfeste gegen im Tiefland liegende Indiogruppen gewesen sein. Dagegen spricht

Abbildung 6: Blick auf Machu Picchu

allerdings das Fehlen großer Kasernen, wie es sie in anderen Inka-Militärstützpunkten gibt. Plausibler ist die Vermutung, Machu Picchu könnte der Landsitz des Inka-Herrschers Pacha Kutiq gewesen sein, eventuell in Kombination mit anderen Funktionen wie einem Zufluchtsort für die für den Dienst am verehrten Himmelsgestirn rekrutierten und speziell ausgebildeten Sonnenjungfrauen.

Auf jeden Fall hat es an dieser Stelle, in der Abgeschiedenheit der Berge, eine angesehene Eliteschule gegeben. Intelligente, kräftige Inka-Jünglinge lernen in diesem majestätischen „Yachaywasi" binnen vier Jahren all das, was für ihre künftige Führungstätigkeit wichtig ist. Die eindrucksvollen Ruinen dieser zentralen Anlage faszinieren noch heute Tausende Menschen, die jedes Jahr an diesen bedeutsamen Ort der Weltkulturgeschichte strömen.

Wie kaum an einer anderen Stelle des vergangenen Reiches spürt man hier den lebendigen Geist der jungen Inka, in dem sie vier Jahre lang eifrig studieren und sich im sportlichen Wettkampf mit ihresgleichen beweisen. Angeleitet von exzellenten Lehrern, den sogenannten Amautas, lernen Inka-Prinzen und junge Adelige Staats- und Kriegsführung, effektive Verwaltung und die Führung der Beamtenschaft. Außerdem üben sie sich im Zweikampf, im Pfeil- und Speerwurf und in der hohen Kunst der avancierten Medizintechnik. Außerdem beschäftigten sie sich mit der Geschichte ihres Volkes, seiner Religion und seiner Dichtkunst.

Abbildung 7: Ruinen des Yachaywasi von Machu Picchu

Wofür die geheimnisvolle Bergstadt Machu Picchu sonst noch stand, ist im Dunkel der Geschichte der blutigen Eroberungskriege versunken.

Der Ethnologe Berthold Riese fasst die Vermutungen über die weitere Bestimmung der Stadt wie folgt zusammen: „Der ursprüngliche Zweck der Stadtanlage von Machu Picchu war am ehesten wohl der eines Landsitzes mit Befestigungscharakter für den Inka Pacha Kutiq. Spätere andere Nutzungen als Fluchtpunkt für die Sonnenjungfrauen und/oder als zeitweiliger Aufenthalt des aus seinem Kernland verdrängten Inka könnten zwar nicht ausgeschlossen, aber aus der Anlage auch nicht erschlossen werden." (Riese, B., 2004, S. 92) Aufgrund der Armut an Bodenfunden – die Stadt wurde offensichtlich kontrolliert aufgegeben und mehr oder weniger besenrein hinterlassen – sei die genauere Nutzungsbestimmung mit Hilfe archäologischer Methoden unmöglich.

Eine andere Vermutung, die nicht eines gewissen Charmes entbehrt, hat der amerikanische Anthropologe Jack Weatherford, formuliert: „In meiner Vorstellung wurde Machu Picchu plötzlich eine landwirtschaftliche Versuchsstation. (…) Die alten Peruaner zählten zu den größten landwirtschaftlichen Experimentatoren der Welt und legten zahlreiche Versuchsgebiete an, die auf verschiedene Weise bestellt und bebaut wurden. Es wäre also nicht verwunderlich, wenn sie dies auch an einem Ort wie Machu Picchu getan hätten." (Weatherford, J., 1995, S. 80)

In Machu Picchu lassen sich exemplarisch die typischen Elemente der Inka-Bauweise auffinden. „Die Elemente, welche die Bauweise der Inka in ganz besonderer Weise auszeichnen, sind die nach innen geneigten Mauern, die trapezförmigen Türen, Fenster und Nischen sowie die in sehr steilem Winkel abfallenden Satteldächer." (Protzen, J.-P., 1997, S. 196) Dabei erreichen die Inka einen erstaunlich hohen Grad der Standardisierung, die sogar so weit geht, dass „die Maßverhältnisse und die absoluten Maße gleichartiger Öffnungen nicht selten identisch sind" (Riese, B., 2004, S. 56). Den Baumeistern war es so möglich, auch im Nachhinein noch ohne größere Probleme Türen zu Fenstern und Fenster zu Türen werden zu lassen. Es ist also zu vermuten, dass die Inka-Architekten feste einheitliche Maßeinheiten haben. „Der (…) Astronom Rolf Müller meint als Grundmaß eine Einheit von etwas über sieben Zentimetern erschließen zu können." (Riese, B., 2004, S. 56)

Die Inka-Gebäude bestehen aus kunstvoll behauenen Steinen, die passgenau und ohne Mörtel zusammengefügt werden. Auf diese Weise sind die Mauern stabil und flexibel zugleich und können den in der Region häufigen Erdbeben jahrhundertelang erfolgreich trotzen. Auch die trapezförmigen Fenster und Türen tragen zur Erdbebensicherheit der Inka-Gebäude bei.

Da die Andenbewohner, wie bereits erwähnt, weder das Rad noch das Prinzip des Flaschenzuges kennen, werden große Massen mit Lasttieren und Menschen bewegt. Beim

Bau von Mauern werden Erdhügel angehäuft, über die die großen Granitblöcke in die perfekte Position gebracht werden. Solche Erdhügel sind in Machu Picchu zum Teil noch vorhanden, was als Beleg dafür gewertet wird, dass die Stadt noch nicht komplett fertiggestellt war, als sie verlassen wurde.

Bevor sich die Inka-Baumeister an die Arbeit im Gelände machen, fertigen sie maßstabgetreue dreidimensionale Modelle aus Ton und Lehm an. Einige davon lassen sich heute noch in Museen bewundern. Die daraus ablesbaren Maße für Längen und Winkel übertragen sie mit der Hilfe von Schnüren und Steinen. „Was sie in dieser Hinsicht vollbrachten, war außerordentlich. Ich habe ein Modell von Cuzco und einem Teil der Umgebung mit den vier Hauptwegen gesehen, angefertigt aus Lehm, Steinchen und Stöckchen, größen- und maßgerecht, mit seinen großen und kleinen Plätzen, mit all den breiten und schmalen Straßen, mit seinen Vierteln und Häusern, sogar den ganz verlassenen, mit den drei Bächen, die es durchfließen – es war bewundernswert." (Vega, G. de la, 1609/1983, S. 97)

Besonders hervorzuheben ist die Brückenbaukunst der Inka. Beim Eintreffen der Spanier soll es bis zu 200 von den Inka beziehungsweise deren Vorgängerkulturen errichtete Hängebrücken gegeben haben. Einige sind bis zu 50 Meter lang. Sie sind durch ihre den örtlichen Gegebenheiten angepasste Bauweise die optimale Lösung, um tief eingeschnittene Bachtäler im Urwald zu überqueren.

Die Spanier profitierten von der Wegebaukunst der Inka. Auf dem mit Brücken, Tunneln und befestigen Wegen hervorragend ausgebauten Straßennetz kommen sie samt Pferden und Marschgepäck hervorragend voran und können rasch das gesamte Reich erobern, seine Menschen und Schätze ausbeuten und es nach ihren eigenen Vorstellungen neu besiedeln.

Landwirtschaft

Die Conquistadores bemerken es nicht, aber die Inka sind ihren von weit her gekommenen Eroberern in vielem voraus. Nirgendwo zeigt sich die Überlegenheit aus der historischen Distanz so deutlich wie bei der Landwirtschaft. Wichtigster historischer Beleg für den Erfolg und für die Produktivität der andinen Landwirtschaft ist die Tatsache, dass im gesamten Inka-Reich bisher keine Gräber gefunden wurden, in denen sich Hinweise auf Mangelernährung oder andere Mangelerscheinungen gefunden haben. Das hat nicht nur mit der klugen Arbeitsorganisation und der guten sozialen Absicherung der Menschen unter der Herrschaft der Inka zu tun, sondern ganz wesentlich auch mit der Produktivität ihrer Landwirtschaft. Im Europa des späten Mittelalters geht es den Menschen lange nicht so gut.

Hauptanbauprodukte der Inka sind Kartoffeln, Mais und das Getreide Quinoa. Kartoffeln und Mais sind Früchte, bei denen das Saatgut nicht breit auf die Felder gestreut, sondern einzeln in die Erde gesetzt wird. Dadurch wird es bewusst selektiert und zum Teil künstlich befruchtet. Denn es liegt nahe, Pflanzen und Setzlinge nach besonderen Kriterien auszuwählen und miteinander zu kreuzen. „Die indianischen Bauern, die diese komplexen Vermehrungstechniken durch Setzlinge, Ableger und sorgfältige Samenauslese entwickelten, statt den Samen einfach auszustreuen, konnten die Variation bei ihren Pflanzen beobachten und deshalb ihre genetische Zusammensetzung manipulieren." (Weatherford, J., 1995, S. 109)

Bei der Pflanzenzucht bringen es die Inka zu wahrer Meisterschaft. Dabei gelingt es ihnen, für die unterschiedlichen Böden, Sonnenlagen und Bewässerungsmöglichkeiten jeweils optimale Pflanzen zu entwickeln. „Zur Zeit der spanischen Conquista produzierten die Bauern der Anden bereits rund dreitausend verschiedene Kartoffelsorten; dagegen werden heute in Nordamerika nur noch 250 verschiedene Sorten angebaut." (Weatherford, J., 1995, S. 82).

Sowohl Kartoffeln als auch Mais sind nahrhaft, vielfältig einsetz- und verarbeitbar und verhältnismäßig lange haltbar. Mithin bieten sie ein hervorragendes Potential als Nutz- und Lagerpflanze. Die Inka verlängern die Lagerfähigkeit der Kartoffeln noch, indem sie eine Methode zur Gefriertrocknung der Pflanze entwickeln: In dünne Scheiben geschnitten, lassen sie sie in den kalten Andennächten gefrieren und am Tag unter der warmen Sonne trocknen. Diesen Vorgang wiederholen sie so lange, bis die Kartoffeln zu einem weißlichen Brocken getrocknet sind. Dieses Cuno oder Chuno genannte Kartoffelprodukt ist überaus nahrhaft, lässt sich leicht über lange Strecken transportieren und viele Jahre lang ohne wesentlichen Qualitätsverlust lagern. Es ist eines der Grundnahrungsmittel bei den Inka und bei den Indiovölkern innerhalb ihres Reiches.

Auch der Anbau von Koka wird großflächig betrieben. Die kokainhaltigen Blätter dieses Strauches werden dazu verwendet, Hunger und Schmerzen zu lindern, die Leistungsfähigkeit (zum Beispiel bei Botenläufern) zu steigern und Krankheiten zu heilen. Noch heute nutzen die Indigenas die Pflanze und ihren belebende Wirkung, um trotz der harten Arbeitsbedingungen in den Minen Perus und Boliviens genügend Geld zu verdienen, um ihre Familien ernähren zu können. Darüber hinaus soll der gemeinsame Konsum von Kokablättern einen starken sozialen Charakter haben und die Gemeinschaft stärken. Aufgrund der hohen Suchtgefahr ist der Koka-Anbau offiziell allerdings verboten.

Wichtigstes Haustier in den Anden ist das Lama, das als Lasttier genutzt wird. Darüber hinaus halten die Inka Enten, Alpakas und Meerschweinchen, Letztere hauptsächlich zum Verzehr.

Der zeitgenössische mestizische Chronist Felipe Guaman Poma de Ayala zählt eine ganze Reihe von Feldfrüchten auf, die die Inka kultivieren: Mais, Kartoffeln, Gurken, Pfeffer, Äpfel, Pflaumen, Bananen, Ananas, Guajave, Avocados, Artischocken, Kürbis, Llacum (der Batate ähnliche, noch süßere Wurzel), Süßkartoffeln und Chilipfeffer. Außerdem folgende Tiere, die das Nahrungsangebot ergänzen: Lama, Alpaka, Guanaco, Vikunja, Krebse, Andenhirsche, Rebhühner, Süßwasseralgen, Challua (ein Süßwasserfisch) (vgl. Poma de Ayala, F. G., 1600–1615/1936, S. 911).

Auch die Landwirtschaft ist strengen Regeln unterworfen und wird von den Inka kontrolliert. Alle Nahrungsmittel werden nach Menge und Art erfasst und von Inspektoren verwaltet. Bauern haben ihnen zugewiesene Anbaufelder und dürfen einen Teil ihrer Ernte behalten, allerdings im Normalfall nur das, was sie und ihre Familie benötigen. Dem Inka oder dem Huaca als Besitzer des Feldes gebührt ein fester Anteil. Daraus ernährt sich die Oberschicht, davon wird geopfert und daraus werden die Lagerbestände aufgebaut und ergänzt. Niemand soll im Inka-Reich Hunger oder Not leiden – so lautet die oberste Handlungsmaxime (siehe Kapitel 3).

Dafür muss aber auch jeder Mann und jede Frau seinen beziehungsweise ihren Teil der Arbeit für die Gemeinschaft erledigen: „Wir ordnen an und befehlen, daß alle Beamten und Handwerker nicht untätig oder faul sein sollen, darum sollen die Besagten ein nützliches Amt ausüben, (…). Wir befehlen, daß es im ganzen Königreich überreichlich Essen geben soll und daß man sehr viel Mais und Kartoffeln und Ocas aussäen soll und daß man Caui, Caya, Chuño, Tamos, Chochoca (gekochter, gefrorener und an der Sonne getrockneter Mais) und Quinua zubereitet, Ulluco, Masua, alle Speisen bis zu den Gräsern, den Yuyos; sie sollen diese trocknen, damit sie das ganze Jahr zu essen haben; und man soll in Gemeinschaft und Sapci Mais, Kartoffeln, Pfeffer, Magno (zum Brotbacken und als Farbstoff benutzte Pflanze), Baumwolle säen, und sie sollen Blüten von Pauau (Farbstoffpflanze), Queuencha (Strauch mit gelbgrünen Blüten) und andere Blätter pflücken, um den Cunbe (feines Tuch) und die Auasca (grobes Wollzeug) bunt zu färben, und sie sollen Lipta [Llipta] von Marco (Art Beifuß) und Quinua verbrennen. Über jedes Jahr sollen sie Rechenschaft geben; wenn sie es nicht tun, sollen die besagten Corregidores, Tocricoc, sie in diesem Königreich grausam bestrafen." (Poma de Ayala, F. G., 1600–1615/1936, S.193)

Abbilduing 8: Von den Inka angelegte Terrassenfelder in Ollantaytambo, Peru

Düngemethoden im Binnenland und an den Küsten

Um die bestmögliche Versorgung der Bevölkerung aller Regionen sicherzustellen, verfügen die Inka-Herrscher, dass Völker aus klimatisch anspruchsvollen Gegenden bestimmte Nahrungsmittel im gemäßigten Flachland anbauen dürfen. „Für diese Provinzen hatte der Inka Anbaugebiete in den warmen Tälern der Meeresküste vorgesehen, (...) in welchen man das anbaute, was in diesen Dörfern fehlte; und da diese Täler weit weg von ihrem Land waren (...) und man von der Gemeinde aus die Saat nicht bestellen konnte, wie sie es im Rest des Reiches machten, waren die Caciques beauftragt, in dieser Zeit Leute zu schicken, die die Felder bestellten, die Ernte einholten und damit in ihre Dörfer zurückkehrten." (Cobo, B., 1653/1964, S. 210, aus dem Spanischen übersetzt vom Autor)

Vor allem die Bauern der Küstenregion nutzen Guano, einen hochwirksamen Dünger aus Vogelmist, der bis heute an der peruanischen Küste gewonnen wird. Er wird gesammelt und getrocknet und auf die Felder verteilt. Um möglichst viel von dem kostbaren Dung zu gewinnen, sind die Seevögel streng vor jeder Art von Wilderei geschützt. „Zur Zeit der Inka-Könige wurden jene Vögel ängstlich behütet, und in der Brutzeit war es bei Todesstrafe verboten, die Insel zu betreten, damit die Vögel nicht aufgeschreckt und von ihren Nestern vertrieben würden. Ebenso war es bei nämlicher Strafe und zu jeder Zeit verboten, sie zu töten, gleichviel ob auf den Inseln oder außerhalb derselben." (Vega, G. de la,1609/1983, S. 183) Wo Guano schwer zu beschaffen war, nutzen die Indios mit Vorliebe ihre eigenen Exkremente zum Düngen. „Es ist bemerkenswert, daß sie im ganzen Tal von Cuzco und fast im ganzen Bergland menschlichen Dünger ausbrachten, weil sie meinten, der sei der beste. Sie sammeln ihn mit viel Mühe und Fleiß und lagern ihn getrocknet und pulverförmig bis zur Zeit der Maisaussaat." (Vega, G. de la, 1609/1983, S. 182)

Die Inka teilen die Felder der Ebenen nach festen Maßeinheiten ein, um sie gerecht zu verteilen und effektiv zu bewirtschaften. Auch Terrassenfelder werden nach bestimmten Grundsätzen und möglichst gerecht vergeben: Auf diese Weise entsteht in den Tälern und an den Hängen der Anden und auf dem fruchtbaren Küstenstreifen eine blühende und reiche Kulturlandschaft, deren Ausmaß und Schönheit sich heute nur noch erahnen lässt.

Medizin

Wie das gesamte Sozialsystem, so ist auch das Gesundheitswesen der Inka hervorragend organisiert. Neben allgemeinen Ärzten gibt es Aderlasser, Chirurgen, Hebammen und Heilerinnen, die sich auf innere Krankheiten spezialisiert haben (Poma de Ayala, F. G., 1600–1615/1936, S. 194). Die Angehörigen der durchaus ausdifferenzierten Heilberufe verfügen über einen großen, über Generationen angesammelten Erfahrungsschatz und eine solide Ausbildung in ihren Fachgebieten.

Die hohe Kunst der Trepanation

Insbesondere die Chirurgen sind ihren Kollegen in Europa weit voraus. Viele von ihnen beherrschen die Kunst der Trepanation (Schädelöffnung) perfekt. Diese Operation wird vor allen Dingen bei Schädeltraumata angewandt, die häufig als Folge von Kriegsverletzungen auftreten. Eine Untersuchung von Schädelfunden in der Gegend um Cusco zeigt, dass fast ein Sechstel der dort gefundenen und ansonsten intakten Schädel Zeichen einer verheilten Schädeltrepanation aufweist. Manche Schädel werden bis zu sieben Mal geöffnet, und fast jedes Mal verheilen die Wunden ohne störende Komplikationen. „Trepanation practices reached a high degree of success during the Late Horizon in the southern highlands of Peru near Cuzco, as evident by crania with multiple, well-healed perforations." (Andrushko, V., 2008, S. 13) In der überwiegenden Mehrzahl der Fälle (Andrushko spricht von 83 Prozent) überleben die Patienten die Operation und können anschließend ein normales Leben führen. Nur ein kleiner Teil der Wunden entzündet sich. „This high survival rate suggests that skill and mastery were achieved by trepanation practitioners." (Andrushko, V., 2008, S. 13)

Schleudern und Streitkolben gehören zu den bevorzugten Waffen der Inka. Den Verletzten bereiten sie extrem große

Schmerzen. Auch bei der regen Bautätigkeit und der Arbeit in Steinbrüchen und Minen kommt es sicherlich häufiger zu Schädigungen im Kopfbereich. Die Chirurgen der Inka haben also sowohl Anlass als auch reichlich Gelegenheit, Trepanationen zu üben und ihre Technik dabei weiter zu verbessern. Mit der Zeit entwickeln sie Prozesse und feste Regeln, nach denen sich die Operateure richten.

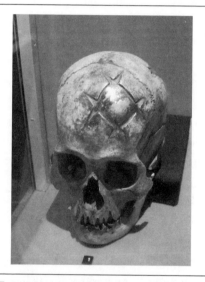

Abbildung 9: Trepanierter Inka-Schädel mit einer Goldplatte als Implantat. Die Operation ist offensichtlich gut verlaufen und die Wunde ist hervorragend verheilt

Wenn es schnell gehen muss – zum Beispiel während eines Feldzuges in einem Kriegslazarett –, wird mit einem scharfen Messer, vermutlich einer Obsidianklinge, eine Öffnung durch Kopfhaut und Schädeldecke geschnitten, damit sich der unter dem Knochen angestaute Druck abbauen kann. Häufig wird das entnommene Knochenstück nach der Operation wieder eingesetzt. Diese Variante ist allerdings relativ riskant und stark invasiv. Sie wird vor allen Dingen bei offensichtlichen Kopfverletzungen und nur im Notfall angewandt. Mit genügend Zeit hat der Operateur die Wahl unter verschiedene Möglichkeiten: Er kann den verletzten Schädel anbohren, vorsichtig einen runden Pfropf herausschneiden oder eine Öffnung mit flachen Kanten hinein kratzen. Diese Methoden kommen auch bei durch Krankheiten hervorgerufenen starken Kopfschmerzen, zum Beispiel bei einer Mastoiditis, zum Einsatz.

„Altogether, this analysis demonstrates that trepanation was an important medical treatment in the Cuzco region, carried out with precision and knowledge of cranial anatomy. Trepanation was also practiced with some frequency: combining the present sample (109 perforations in 66 individuals) with the various museum samples documented by Verano (unpublished data) (227 perforations in 161 individuals), it is clear that the Cuzco region was a major center for trepanation in late Prehispanic Peru." (Andrushko, V., 2008, S. 12)

Arzneipflanzen, die die Welt verändern

Um eine Wunde zu desinfizieren, wird sie von den Inka-Ärzten mit Saponin, Zimtsäure und Tannin behandelt. Vermutlich werden kokainhaltige Kokablätter zur Betäubung der Schmerzen verwendet. Eine sehr beliebte – und effektive – Heilmethode bei Krankheiten des Magen-Darm-Traktes sind Einläufe und Kuren, die den Körper reinigen sollen. Sie werden bei bakteriellen Infektionen und bei Parasitenbefall verordnet, werden aber nach Angaben des indigenen Chronisten Garcilaso de la Vega noch häufiger rein präventiv angewandt und dienen der Gesundheitsvorsorge: „Abführungen nahmen sie zumeist dann vor, wenn sie ein Schwere- oder Völlegefühl hatten, und zwar häufiger, wenn sie gesund waren denn bei Krankheit."

Nach dem Verzehr weißer Wurzeln stelle sich, so de la Vega, eine ungeheure Übelkeit ein: „Sie gleichen denen, die zum erstenmal auf See sind; ihnen schwindelt der Kopf, und die Sinne schwinden; in Armen und Beinen, Adern und Nerven, über den ganzen Leib scheinen Ameisen zu krabbeln." Im weiteren Verlauf scheide der Patient dann alle Körperflüssigkeit inklusive der zu vernichtenden Parasiten aus. „Nach vollbrachtem Werk ist er guter Dinge und so hungrig, daß er alles ißt, was man ihm gibt." (Vega, G. de la, 1609/1983, S. 93f.) Vermutlich beschreibt der Autor hier eine typische Ipecacuanha-Behandlung. Das auch als Brechwurz bekannte Gewächs gehört zu den wichtigsten Heilpflanzen der Indios.

Noch alltäglicher ist für die Inka die Anwendung von Kokablättern. Kokablätter kauen zum Beispiel die Läufer, die darauf trainiert sind, Nachrichten innerhalb weniger Tage über mehrere Tausend Kilometer zu transportieren.

Außerdem liefert die Kokapflanze ein wirksames Mittel gegen Blutungen, Diarrhö und die Höhenkrankheit. Erst durch chemische Veränderungen europäischer Ärzte wird aus der wohltuenden Heilpflanze eine gefährliche Droge. Heute ist der professionelle und illegale Kokaanbau für die Andenländer ein großes Problem, bringt er doch organisierte Kriminalität und Drogenmissbrauch mit sich.

Fieber und fiebrige Erkrankungen heilen die Inka mit dem Chinin aus der Rinde der Chinchona-Bäume. Auch dieser Wirkstoff erobert nach der Weiterentwicklung durch europäische Ärzte und Chemiker die Welt und ist bis heute als fiebersenkendes Mittel und wohltuender Bestandteil verschiedener Getränke (Tonic Water) verbreitet. Ein weiteres Entzündungen hemmendes Mittel neben Chinin und Koka ist die Rinde des Pfefferbaumes. Knochenbrüche werden von kundigen Ärzten geschient und mit warmen Umschlägen von Waycha-Blättern und -blüten behandelt.

Prävention spielt bei den Inka eine wichtige Rolle. Bestimmte Medizinzusätze sind fester Bestandteil der Ernährung. Um Jodmangel vorzubeugen, werden große Mengen Kelp (Macrosystis pyrifera, eine Alge aus der Familie der Braunalgen) aus dem Stillen Ozean geerntet. Dieser Tang wird getrocknet, quer durch das ganze Land transportiert und an die Bevölkerung als Nahrungsmittelzusatz verteilt.

Bekannt und beliebt sind kalte und warme Bäder zur Vorbeugung von Krankheiten und zur Erholung. Auch hierin haben die Inka ihren spanischen Eroberern nach heutiger wissenschaftlicher Sicht einiges voraus.

Die Quipu: Gehobene Mnemotechnik oder doch eine Schrift?

Die Inka sind große Sammler von Daten, Fakten und Zahlen, die sie für die Verwaltung ihres Reiches und für die gerechte Verteilung von Gütern benötigen. Diese Zahlen werden mit Hilfe von Quipus festgehalten, weitergegeben und in Beziehung zueinander gesetzt. „Diese Rechner gaben mit ihren Knoten den gesamten Tribut an, den sie alljährlich dem Inka lieferten, jedes Ding getrennt nach Gattung, Art und Eigenschaften. Sie gaben an, wie viele Menschen in den Krieg zogen, wie viele darin umkamen, wie viele in den einzelnen Monaten des Jahres geboren wurden und starben. Kurzum, sie beschrieben in jenen Knoten all das, was aus Zahlen bestand, ja sie führten sogar die Schlachten und Zusammenstöße auf, die sich ereignet hatten, gaben sogar an, wie viele Botschaften dem Inka zugegangen waren und wie viele Reden und Ansprachen der König gehalten hatte." (Vega, G. de la, 1609/1983, S. 202 f.)

Auch historische Daten und die Heldentaten der Inka-Könige wurden nach Angaben des Chronisten Garcilaso de la Vega in Quipus festgehalten. „Wie jedoch die Erfahrung zeigt, waren dies alles vergebliche Mittel, weil es die Schrift ist, die die Taten verewigt; da aber jene Inka diese nicht kannten, bedienten sie sich dessen, was sie ersonnen hatten; und so als ob die Knoten eine Schrift wären, erwählten sie Geschichtsschreiber und Rechner, die sie quipucamayu nannten, was so viel bedeutet wie derjenige, der mit den Knoten betraut ist, damit sie durch diese und durch die Schnüre und durch die Farben der Schnüre und mit Hilfe der Erzählungen und der Poesie das Andenken an die Taten aufschrieben und bewahrten." (Vega, G. de la, 1609/1983, S. 204)

Ein Quipu besteht aus einem langen Band, an das in festgelegten Abständen verschieden gefärbte Schnüre aus unterschiedlichen Materialien geknüpft sind. Diese Schnüre sind in genau festgelegten Abständen mit Knoten versehen. Dabei stehen bestimmte Stellen für Zehner-, Hunderter- und andere Einheiten. Art und Anzahl der Knoten sind weitere wichtige Parameter. Auch eine Null kann ausgedrückt werden. Es ist inzwischen unstrittig, dass die Quipu über rein numerische Daten hinaus noch weitere Informationen transportieren. Wie komplex die übermittelten Inhalte sind und ob sich aus die Knotenschrift – vielleicht gepaart mit in Stoffe eingewebten Zeichen, den sogenannten Tocapu – eine vollständige und sämtliche Kriterien erfüllende Schrift darstellt, ist bisher nicht geklärt. „The khipu may have made use of many conventions of which we are unaware, but even those identified by colonial chroniclers imply the coordination of several different features with distinct semiotic functions. Colonial sources refer to the numeric value conveyed by knots, but they also mention the use of color and the format of the pendant and subsidiary cords." (Brokaw, G., 2010, S. 97)

Für die Inka sind die Quipu auf jeden Fall ein hervorragendes Hilfsmittel, um ihr ausgedehntes Reich zu verwalten. Sie halten darin alle notwendigen Informationen fest, um das komplexe System, das sie errichtet haben, zu organisieren, zu steuern und zu kontrollieren. Auch ein Kalenderquipu ist inzwischen nachgewiesen. „Und im ganzen Königreich gab es Amtsschreiber; diese verzeichneten, was sich in allen besagten Ortschaften dieses Königreiches

Abbildung 10: Guaman Poma de Ayala, Inka mit Quipu

ereignete. Und es gab einen königlichen Schreiber; diese waren unterwegs und vermerkten [alles] auf den Königsstraßen und an anderen Stellen. Und es gab ernannte Schreiber; die Richter und Polizeibeamten nahmen diese besagten Schreiber in die Provinzen mit, damit sie durch Quipo beurkunden und registrieren und Rechenschaft und Auskunft geben. Diese besaßen so großes Geschick, denn mit den Knotenschnüren wußten sie soviel, was wäre es wohl geworden, so glaube ich, wenn es mit Buchstaben gewesen wäre? Mit den Knotenschnüren verwalteten sie das ganze Königreich." (Poma de Ayala, F.G., 1600–1615/1936, S. 361)

Alle inkastämmigen Chronisten, die sich mit dem Thema Quipu befassen, legen den Schwerpunkt auf die in diesen enthaltenen Zahlen- und Faktensammlungen. Es ist durchaus möglich, dass sie diesen Aspekt besonders herausheben, weil es der Teil an Informationen ist, der für die Spanier besonders interessant ist – gibt er doch Aufschluss über die Bevölkerungszusammensetzung und den Reichtum des Landes.

Trotz intensiver Bemühungen ist es der Forschung bisher nicht gelungen, die noch erhaltenen Quipus zu entziffern. Zu vielschichtig und zu fremd sind uns die Algorithmen dieser Datenträger. Außerdem gibt es keine Möglichkeit, Beziehungen zwischen den Knoten und anderen mnemotechnischen Hilfsmitteln wie Abbildungen und Skulpturen zu knüpfen, um auf diese Weise deren Bedeutung zu erschließen. Zwar haben die Spanier zahlreiche Quipus von kundigen Inka entschlüsseln und transkribieren lassen. Allerdings wurden die „übersetzten" Knotenschnüre offenbar nicht aufbewahrt. Jedenfalls ließ sich bisher keiner der erhaltenen Quipus einer solchen Transkription zuordnen (Urton, G., 2010, S. 140).

Möglicherweise verwendeten die Inka ein uns noch unbekanntes Zähl- und Rechensystem (siehe Kapitel 3). Schließlich wissen wir dank des dualen Zahlsystems, dass sich mit den Werten 1 und 0 nahezu alles auf der Welt ausdrücken und festhalten lässt. Was genau in den Quipu verborgen ist, wird hoffentlich die Forschung der kommenden Jahre und Jahrzehnte zeigen. Auf jeden Fall ist mehr darin enthalten, als bloßes Zahlen- und Rechnungswerk. „Die Quipus, die geknoteten Datenbanken aus Wolle, (…) haben ihren Faden in der Evolutionsgeschichte der Informationstechnik längst verloren. Ihr Aufzeichnungssystem aber könnte der Forschung viel über Logik und frühes abstraktes Denken jenseits der überlieferten und entzifferten Schrifttraditionen verraten." (Schmidt-Häuer, C., 2008, http://www.zeit.de/2008/26/OdE35-Schrift, Abrufdatum 10. Juni 2012)

Ein sehr praktischer Vorteil der Quipu gegenüber einer an Phoneme gebundenen Zeichensprache ist ohne Zweifel, dass die in ihnen enthaltenen Informationen unabhängig von der Sprache des Schreibers und des Lesenden verstanden werden. Wenn eine bestimmte Kombination aus Farbe, Abstand und

Knotengröße „200 Lamas" bedeutet, so kann dies von einem Codekundigen unabhängig von seiner Sprache im gesamten Inka-Reich verstanden werden. Das erleichtert die Integration der von den Inka übernommenen Stämme um ein gutes Stück und schließt Missverständnisse weitgehend aus.

Tocapu – gewebte Zeichen

Als die Spanier die Welt der Inka entdecken, staunen sie über die Qualität und Vielfalt der Stoffe und der darin eingewobenen Muster und Bilder. Sie sind bis heute mit dem Bild der Andenbewohner verknüpft. „Als Tocapus werden heute gemeinhin gewebte oder gemalte Motive in Form von Vierecken definiert, die im Kontrast mit farbig abgehobenen geometrischen Figuren versehen sind. Die strukturierte Fläche von Tocapus ist in verschiedene geometrische Abschnitte von Dreiecken, konzentrischen Quadraten usw. unterteilt. Zumeist sind Tocapus polychrom und erscheinen in leuchtenden Farben wie Schwarz, Weiß, Rot, Gelb und Orange. Oft sind sie in der Mitte von Gewändern bandartig in zwei oder drei Reihen platziert, oder sie bedecken das Textil vollständig." (Clados, C., 2007, S. 74)

Auch diese mannigfaltig kombinierten, in Stoff gewebten grafischen Zeichen sind weit mehr als nur dekorativer Zierrat. Vielmehr beinhalten sie eine ausgeklügelte Ikonographie mit komplexen Informationen. „The particular way in which the tocapu motifs are depicted are related to gram-

Abbildung 11: Reich mit Tocapu verziertes Gewand des Inka Topa Yupanqui

matical Quechua in the form of suffixes, both singular and plural nouns, adjectives of both size and color, and personal pronouns." (Silvermann, G., 2012, S. 29)

Viele Tocapumuster werden noch heute verwendet. Allerdings ist es bisher nicht gelungen, die Zeichen und ihre Bedeutung zu entschlüsseln. Insgesamt lässt sich festhalten, dass die Inka über eine ganze Reihe von Mnemotechniken und dauerhaften Aufzeichnungsformen verfügten, die den Eroberern fremd waren und deswegen lange nicht als solche erkannt wurden. Ihre Entschlüsselung wird sicherlich viel zum Verständnis dieser andinen Hochkultur und ihrer Organisation beitragen können.

Waffen und Kriegsführung

Das Heer der Inka wird als wohlorganisiert und hervorragend ausgebildet beschrieben. Jeder Knabe, der körperlich und geistig dazu in der Lage ist, wird in einem bestimmten Mannesalter zum Soldaten ausgebildet. Bei Bedarf muss die Dorfgemeinschaft Männer im wehrfähigen Alter für den Einsatz im Krieg bereitstellen. Die Heereseinheiten der einzelnen Ayllu (eine Dorfgemeinschaft, die ungefähr eine Hundertschaft an Soldaten stellen kann) und manchmal auch die Armeen ganzer Provinzen sind auf besondere Waffengattungen spezialisiert. Für den Angriff benutzen die Inka Steinschleudern, Streithammer und Keulen, die mit einem Knauf aus Metall oder Stein versehen sind, außerdem Speere, Lanzen und Pfeil und Bogen.

Die Steinschleudern waren aus Wolle oder Leder, zuweilen auch aus Pflanzenfasern gefertigt. Die Soldaten schleuderten damit etwa hühnereigroße Steine gegen ihre Gegner. Mit diesen Waffen sind sie auf kurze Distanz sogar in der Lage, die Eisenhelme der spanischen Soldaten zu durchdringen (Stingl, M., 1995, S. 236).

Den Spaniern, die mit Gewehren und schweren Geschützen in ihr Land eindringen, haben die Inka also – neben ihrer zahlenmäßigen Überlegenheit – durchaus das eine oder andere entgegenzusetzen. Unglücklicherweise ereilt sie das Eindringen der Spanier, wie nachstehend gezeigt wird, zu einem sehr ungünstigen Zeitpunkt. Außerdem unterschätzen die siegesgewohnten Inka die Unverfrorenheit und die waffentechnische Überlegenheit ihrer Gegner.

Den Spaniern eilt ein Fluch voraus

Die Geschichte der Eroberung des größten vorkolumbischen Reiches ist kurz, blutig und von Verrat und Gier geprägt.

Früher als die Spanier selbst, erreicht ihr Fluch das Volk der Inka. Der Ausbruch einer Pockenepidemie – manche Quellen sprechen auch von der Pest –, die zuvor bereits zahlreiche Einwohner Mexikos und der karibischen Inseln dahingerafft hatte, schwächt das Volk in gefahrvoller Weise. Auch die Elite ist hiervon betroffen: Zum Opfer fallen der Epidemie auch im Jahr 1527 der in Quito residierende Inka-Herrscher Huaca Huayna Capac und wichtige Beamte im Staatsapparat. Ungefähr um diese Zeit tauchen die ersten Spanier, von denen zuvor nur vage Erzählungen kündeten, im Reich der Inka auf. Sie werden freundlich begrüßt. Lange Zeit ging die Wissenschaft davon aus, dass sie von den Inka als Götter angesehen werden. Heute ist diese Interpretation ebenso strittig wie die Frage, ob der Begriff Götter für das Glaubenssystem der Inka überhaupt als gültige Kategorie anzusehen ist.

Als Boten den König Huaca Huayna Capac von der Ankunft der Fremden unterrichten, ist dieser bereits schwer krank. Seine Berater bestürmen ihn, einen seiner Söhne als Nachfolger zu bestimmen. Dies gelingt ihm den Quellen zufolge nicht. Unter zweien seiner Söhne, Huascar und Atahualpa, entbrennt ein Machtkampf. Rasch entwickelt sich zwischen den verfeindeten Lagern ein Bürgerkrieg und erfasst das gesamte Reich. Huascar, dessen Mutter die Schwester des Königs ist, beruft sich auf die klassische Inka-Tradition, dass der legitime Herrscher ein Sohn der Schwesterkönigin sein muss. Hingegen gilt Atahualpa, der von einer Prinzessin aus Ecuador geboren wurde, als Lieblingssohn des Königs, überdies ist er ein erfahrener Krieger und Anführer. Schließlich war er es, der seinen Vater auf dessen Kriegszügen begleitet hatte.

Nicht zuletzt aufgrund seiner kriegerischen Erfahrung gewinnt Atahualpa den Bruderkrieg. Huascar wird von dessen Leuten gefangengenommen.

Der spanische Abenteurer Francisco Pizarro und sein Gefolge haben leichtes Spiel, als sie 1533 von Panama kommend mit drei Schiffen, 37 Pferden und 180 Mann auf der Suche nach Gold und Reichtümern in das Gebiet des heutigen Peru eindringen. Die selbstsicheren Inka, die die Eindringlinge angesichts deren zahlenmäßigen Unterlegenheit nicht als ernsthafte Bedrohung ansehen, begegnen ihnen nur mit einem kleinen militärischen Aufgebot. Wie sich erweisen wird, ist das eine verhängnisvolle Fehleinschätzung.

Das teure Gold der Inka

Atahualpa, den siegreichen Bruder im Kampf um die Nachfolge Huaina Capacs, trifft es als Ersten. Nach Erzählungen spanischer und indigener Chronisten begegnet er den Eroberern anfangs freundlich und verhandlungsbereit. Schließlich ist er auf der Suche nach Verbündeten im Streit um die Königswürde. „Er herrschte zu unumschränkt in seinem eigenen Reiche, als daß er so leicht hätte Argwohn schöpfen sollen; und wahrscheinlich konnte er sich nicht eine Verwegenheit vorstellen, mit der wenige Leute, wie die jetzt in Caramalca versammelten, an einen Angriff auf einen mächtigen von seinem siegreichen Heere umgebenen Herrscher dachten. Er kannte den Charakter der Spanier nicht." (Prescott, W. H.,1848, S. 316)

Pizarro fackelt nicht lange und nimmt Atahualpa gefangen. Für dessen Gefolge, das gewohnt ist, dem König und jedem Mitglied der Herrscherkaste höchste Ehren und höchsten Respekt zu erweisen, ist das ein Schock. Atahualpa versucht zu verhandeln und bietet dem Spanier Gold und Silber für seine Freilassung. Übereinstimmenden Berichten der Chronisten zufolge verspricht er, den ganzen Raum, den der Spanier bewohnt, mit Gold und einen weiteren mit Silber zu füllen – wenn Pizarro ihn dafür frei lässt.

Die goldgierigen Konquistadoren lassen sich auf den Handel ein. Daraufhin befiehlt Atahualpa seinem Gefolge, aus allen Teilen des Landes Gegenstände aus Gold herbeibrin-

Abbildung 12: Atahualpa empfängt Franzisco Pizarro

gen zu lassen. „Bald begannen Hunderte von Lamalasten einzutreffen. Von den ungezählten Goldschätzen, die sich mannshoch in dem dafür bestimmten Saal auftürmten, beschreibt Gaspar de Espinosa (ein Jurist aus dem Gefolge Francisco Pizarros, Anm. d. Autors) die aus purem Gold kunstvoll gefertigte Nachbildung einer Landschaft mit sechs weidenden Lamas und zwei Hirten, die achtzig Indios kaum tragen konnten." (vgl. Bollinger, A., 1977, S. 151)

Atahualpas Halbbruder Huascar, der Verlierer des Bruderkrieges, erfährt in seiner Zelle in Cusco von der Gefangennahme seines Bruders. Er freut sich über die überraschende Wendung. Schon bald aber wendet sich auch für ihn das Blatt. „Huascar, bei Pizarros Ankunft ein Gefangener der Truppen Atahualpas, wurde auf Befehl seines Bruders – der sich zu dieser Zeit bereits in der Hand der Spanier befand – getötet, bevor er in das spanische Lager gebracht werden konnte." (Julien, C., 2007, S. 7)

Atahualpa gelingt es tatsächlich, Pizarros riesiges Wohngemach mit purem Gold zu füllen. Sein Teil des Handels ist mithin erfüllt. Auch Pizarro hält zunächst sein Versprechen und lässt den König frei, allerdings nur, um ihn nach kurzer Zeit erneut in Gewahrsam zu nehmen, wegen zahlreicher Vergehen anzuklagen und zum Tode zu verurteilen.

Das Gold, das Atahualpa herbeischaffen ließ, wird eingeschmolzen und in Form von Goldbarren nach Spanien und Europa gebracht. Dort löst es, zusammen mit dem in großen Mengen aus den Minen Perus fließenden Silber, die erste Hyperinflation in der Geschichte Europas aus und kann symbolisch als Atahualpas Rache verstanden werden. „Während also einerseits unentwegt weitere Münzen aus Südamerika in Europa eintreffen, während viele Kaufleute, Adelige und Banken von dem neuen Geld profitieren und tatsächlich neue Reichtümer anhäufen, nehmen in Europa gleichzeitig Hunger und Armut zu." (Uchatius, W., 2011, http://www.zeit.de/zeit-geschichte/2011/01/Suedamerika-Gold-Silber. Abrufdatum 10.06.2012)

Auf seinem Vormarsch auf Cusco, die Hauptstadt der Inka im südlichen Hochland, trifft Francisco Pizarro auf einen weiteren Bruder namens Manco Inca, der zwischenzeitlich von den Einwohnern Cuscos zum nächsten Herrscher gewählt worden war. Der spanische Eroberer und der Inka-König verbünden sich. Eine Zeit lang wird Manco Inca zu einer Marionette der Spanier. Später schlägt er sich auf die Seite Diego de Almagros, einem Widersacher Pizarros aus dem spanischen Lager, und beginnt einen – letztlich erfolglosen – Guerillakrieg.

Allerdings ist der Kampf noch lange nicht ausgefochten. Nach dem Sieg Pizarros über die Inka entbrennt unter den spanischen Eroberern ein erbitterter Machtkampf: „Pizarro residiert als Vizekönig in der neuen Hauptstadt Ciudad de los Reyes (dem späteren Lima), die er 1535 an der Küste gegründet hat. Seine Brüder schlagen Almagro 1538 in der Schlacht von Las Salinas. Hernando lässt Almagro auf Befehl seines Bruders erdrosseln; er wird dafür später in Spanien mit 20 Jahren Festungshaft bestraft. Und Almagros Anhänger rächen sich 1541 in Lima, indem sie Francisco Pizarro ermorden. Er stirbt in seinem Palast durch einen Degenstich in die Kehle. Sein Tod ist wie der logische Schlusspunkt seines Lebens. Alle Träume, die Francisco Pizarro hatte, haben stets Zerstörung bedeutet." (Löwer, H. J., Schlüter, A., 2009, S. 221)

So endet die Herrschaft der Inka, die ein wohlorganisiertes Reich von ungeheuren Ausmaßen geschaffen hatten, in Chaos, Tod, Elend und Zerstörung.

KAPITEL 3
Regeln und Bräuche
Die Meister der Organisation

Wer in das Inkar-Reich hineingeboren wird, wächst in einer festgefügten und gut strukturierten Welt auf. Sein Weg ist vorgezeichnet und vorbestimmt. Er fühlt sich als Teil eines komplexen Systems, das stabil ist und Sicherheit gibt. Von Kind an lernen Männer und Frauen, ihre Rollen in diesem Staatsgefüge zu spielen. Sie wissen, dass sie arbeiten müssen. Aber sie wissen auch sehr genau, dass es ihnen gut gehen wird, wenn sie tun, was von ihnen erwartet wird. Sie fühlen sich eins mit der Welt und kennen ihre sozialen Positionen.

Wenn sie Teil der Inka-Klasse sind, wissen sie, dass sie herausragende Stellungen einnehmen, dass sie besondere Rechte haben und von anderen Ehrerbietung verlangen können. Wenn sie einem anderen Volk angehören, ordnen sie sich bereitwillig dem Inka unter. Dafür können sie zu Recht darauf vertrauen, von der Gemeinschaft gut versorgt zu werden. Das traditionelle gesellschaftliche Gefüge aus gewährten Rechten und angenommenen Pflichten gibt jedem Einzelnen ein hohes Maß an Sicherheit. Diese Ordnung prägt über Religion und Kultur das gesamte Alltagsleben des vorkolumbischen Imperiums.

Der spirituelle Hintergrund der Inka

Allen Andenvölkern gemein ist der Glaube, von einem heiligen Ort, einem heiligen Stern oder einem heiligen Tier abzustammen. Die Inka beanspruchen dabei für sich die höchste und würdigste Herkunft: Sie sind die Söhne der Sonne. Damit stellen sie sich über alle anderen Völker ihres Umfelds. Ebenso wie die Sonne, die sowohl Herrscherin des Himmels als auch Ernährerin ist, bedeutet diese Herkunft Erhöhung und Verpflichtung in einem. Die Inka beanspruchen Achtung, Ehrerbietung und Versorgung mit allem, was sie für ein standesgemäßes Leben brauchen. Sie sorgen andererseits für die Angehörigen der ihnen unterlegenen Völker. Mehr noch: Sie lassen sie teilhaben am Reichtum ihrer Gemeinschaft und am Glanz ihrer Aristokratie, die sich nicht zuletzt in einem wohlgeordneten Reich und Staatswesen ausdrücken.

In der Welt der Inka ist nahezu alles beseelt und steht in Beziehung zu Göttlichem. Gottheiten im Sinne vieler anderer Religionen oder gar ein Pantheon eigenmächtig untereinander agierender Götter haben sie hingegen nicht. Die Religion der indigenen Völker ist vielmehr ein Animismus: Alles Übernatürliche hat einen direkten Bezug zur natürlichen Welt, in der die Menschen leben. Der Mensch fühlt sich darin eingebunden und ordnet sich ein, fühlt sich darin aber auch bewahrt und aufgehoben. So ist auch Pachamama, die häufig als große Göttin und Erdmutter personifizierte mystische Gestalt, eher ein philosophisches

Prinzip als eine Gottheit im europäischen Sinne. Pachamama steht für die tiefe Verbundenheit mit der Erde, die als Mutter aller Dinge verstanden wird. Sie ist die verbindende Kraft, die Gegensätze zu einem gemeinsamen Ganzen zusammenbringt.

Huaca – Heiligtümer und mythische Orte

Neben der Sonne als höchstem Wesen gibt es im spirituellen Leben noch viele andere höhere Wesen und heilige Gegenstände, die mit dem Sammelbegriff Huaca (auch: wak'a) bezeichnet werden. Sie gehören zu den wichtigsten Elementen der Inka-Religion. Huaca ist die Bezeichnung für Heiligtümer aller Art, vom schneebedeckten heiligen Berg über Herrschermumien bis hin zu Felsen und kleinen, vergötterten Puppen.

Diese heiligen Orte und Objekte sind fester Bestandteil des Alltagslebens und haben Anspruch auf Respekt und Beachtung. Häufig handelt es sich um Felsen oder große Steine, die an Mensch- oder Tierfiguren erinnern. Oft werden sie von auserwählten Personen versorgt, die mit ihnen sprechen und deren Aufgabe es ist, ihnen Opfer beziehungsweise den ihnen gebührenden Teil am gemeinschaftlichen Besitz darzubringen. Bei Festen und anderen besonderen Gelegenheiten bekommen sie zu essen und zu trinken. Sie sind Teil der Gemeinschaft und können, ebenso wie Menschen, legitime Nutznießer von Ländereien, Arbeitskräften und Gebäuden sein. Im Gegenzug behüten sie die Gruppe, zu der sie gehören.

Ähnlich wie im Alten Rom, wo Penaten, Laren, Manen und Genien als Hausgötter angebetet wurden, verehrt jede Familie im Inka-Reich ihre eigenen Huaca. Dargestellt werden diese oft in Gestalt kleiner Figuren (conopas), die innerhalb der Familie weitervererbt werden. „Eines der Kinder – Sohn oder Tochter – erbte alle heiligen Objekte; sie wurden nicht unter den Nachkommen aufteilt." (Julien, C., 2007, S. 59)

Auch die Inka-Herrscher und häufig auch ihre Frauen werden nach ihrem Tod zu Huaca. Manchmal wird ihnen diese Ehre auch schon vor ihrer Mumifizierung zu Teil: „Von Topa Inca (Tupac Inca Yupanqui, Anm. d. Autors) an wurden die Inka-Herrscher so behandelt, als gehörten sie zu den wichtigeren Huaca. (...) Topa Inca (wurde) nach seiner Krönung auf seinen Feldzügen im Norden wie eine Huaca behandelt (...). Niemand wagte, ihm ins Gesicht zu sehen. In einiger Entfernung zur Straße, auf der er reiste, beteten ihn die Menschen von den Berggipfeln an. Bei der Durchreise erhielt er Opfergaben. Einige opferten ihm Koka, andere rissen sich Augenwimpern aus und bliesen sie in seine Richtung. Diese letzte Form des Opfers konnten selbst die Ärmsten der Sonne geben." (Julien, C., 2007, S. 59f.)

Die gleiche rituelle Verehrung erfährt die Sonne. „Die Sonne besaß Häuser im Zentrum des neuen Cuzco (...)

sowie in vielen der Provinzen. Eine große Zahl von Frauen wurde dem Dienst für die Sonne zugewiesen (...)." (Julien, C., 2007, S. 61) Außerdem verfügt sie über Ländereien, Viehbestände und Personal, um ihren Besitz zu bewirtschaften, der in Art und Umfang dem eines Inka-Herrschers ähnelt. Beide werden auf vergleichbare Art und Weise versorgt und verehrt. Dass der Inka selbst auch leiblich ernährt werden muss, ist bei allem Kult eigentlich nebensächlich. „Die Sonne wurde rituell ernährt, und die rituelle Ernährung (durch das Verbrennen von Opfergaben) des Inka, eines lebenden Wesen, das wie jedes andere lebende Wesen essen musste, bekräftigt nur die Gleichsetzung zwischen Sonne und Inka-Herrscher." (Julien, C., 2007, S. 61)

Die Verehrung der Sonne eint die Völker, die unter der Herrschaft der Inka stehen. Ansonsten leben in Tahuantinsuyu (dem Inka-Reich, siehe Kapitel 2) die Riten der beherrschten Völker weiter. Guaman Poma de Ayala beschreibt ausführlich, wie vielen Heiligtümern die Indios der verschiedenen Stämme ihre Referenz erweisen. In einigen Regionen gilt die Verehrung wie in alten Zeiten dem Jaguar Otorongo, andere verehren den Kokastrauch, die Coca Mama, den Wettergott Illapa, den Gott des Donners und der Blitze Apu Qatiqil (auch: Apu Katikil, Apocatequil) und viele andere. „Die Indios, die außerhalb der Montaña (also im Gebiet des Antisuyu, Anm. d. Autors) lebten und ‚Haua Anti' genannt wurden, brachten Opfer dar; sie beteten den Tiger, den Otorongo, an (gemeint ist natürlich der Jaguar, Anm. d. Autors). (...) Ebenso beten sie die

Bäume der Coca an, die sie essen, und darum nennen sie diese ‚Coca Mama' und sie küssen sie; hierauf stecken sie diese in den Mund." (Poma de Ayala, F.G., 1600–1615/1936, S. 271)

Opfergaben dienen nicht in erster Linie dazu, die übernatürliche Welt gnädig zu stimmen. Vielmehr werden sie als notwendig betrachtet, um die göttlichen Wesen zu ernähren. Es ist den Menschen ein inneres Anliegen, dass es allen mythischen Geschöpfen gutgeht. Aus einem einfachen Grund: Die kosmische Ordnung soll bestehen bleiben. Zu diesem Zweck werden bei besonderen Anlässen auch Menschen geopfert. Die Gemeinschaft gibt den Göttern mithin ihr kostbarstes Gut und erwartet dafür – im Zuge des Reziprozitätsgebotes – entsprechende Gegenleistungen.

Der Übergang zwischen natürlichen und übernatürlichen Wesen verschiedener Bedeutung ist in Tahuantinsuyu fließend. Es offenbart sich ein tief verankerter Realitätssinn: Bei Bedarf werden Rangfolgen und Gewichtungen der verschiedenen Huaca neu bestimmt. Nur die Sonne und ihr nächtliches Pendant, der Mond, sind als oberste und wichtigste Heiligtümer unveränderlich. Alles andere ist bis zu einem bestimmten Punkt Auslegungssache.

Der praktische Vorteil animistisch geprägter Religionen besteht darin, dass sie problemlos neue Heiligtümer und andere göttliche Elemente integrieren können. Für die Inka ist es deshalb ein Leichtes, Elemente der Religionen von

Völkern, die sie besiegt haben, in ihren eigenen Kult zu integrieren. Die Religion unterliegt auf diese Weise einem ständigen Wandel. Das setzt sich in der modernen andinen Religiosität fort, in der viele präkolumbische Traditionen in die christliche Volksfrömmigkeit übernommen wurden und auf diese Weise bis heute lebendig sind.

Der Sonnenkult und die Söhne der Sonne

Den höchsten Status als „Söhne der Sonne" haben die Inka keineswegs erfunden, sondern vermutlich vom Volk der Calla oder Colla übernommen. „Die Collas, deren Machtzentrum im nördlichen Titicacasee-Becken lag, beanspruchten die Auszeichnung, ‚Nachkommen der Sonne' zu sein, als sie gegen die Inkaherrschaft rebellierten." (Julien, C., 2007, S. 69)

Zentrum des Kultes und der übernatürlichen Mächte in Tahuantinsuyu ist der Sonnentempel in Cusco, von dem heute nur noch einige Mauerreste existieren. Sein Hauptportal öffnet sich in Richtung Norden, also zu dem Punkt, an dem die Sonne in der südlichen Hemisphäre am höchsten steht, und ist wie auch die Nebeneingänge mit Goldplatten bedeckt. In seinem Inneren befinden sich zahlreiche Schätze und Kultgegenstände aus Gold. In diesem Tempel leben die verstorbenen Inka-Herrscher fort. Ihre Mumien thronen in trapezförmigen Nischen in den Wänden und sind mit goldenen Masken und fein gewebten Stoffen geschmückt. Ein weiterer Raum ist dem Mond gewidmet und komplett mit Silber ausgeschlagen.

Für die Inka, die kein Geld kennen, haben Gold und Silber in erster Linie kultischen Wert. Als die Spanier Volk und Religion bedrohen, bringen sie nicht das Gold und Silber aus Tempeln und Kultstätten in Sicherheit, sondern die heiligen Mumien ihrer Herrscher.

Die Organisation des Reiches

Die Inka verstehen es, in ihrem Reich eine Organisation aufzubauen, in der eine zentralistische Verwaltung mit relativer Autonomie ihrer Provinzen einhergeht. Wirtschaft und Verwaltung unterstehen dem Prinzip der *Reziprozität* (Gegenseitigkeit). Es ist das Grundprinzip menschlichen Handelns: Wer etwas nimmt, gibt dafür etwas her, gleichgültig, ob es sich um Nahrung, Arbeitsleistung, Kleidung, Rohstoffe oder Dienstleistungen handelt.

Das Prinzip der Reziprozität

Geld ist im Inka-Reich nicht bekannt. Deshalb werden Leistungen und Waren direkt ins Verhältnis zueinander gesetzt. Es herrscht Tauschwirtschaft: Wer etwas bekommen will, muss dafür etwas Gleichwertiges hergeben. Dieses Prinzip gilt sowohl für die Beziehungen der Menschen untereinander als auch für ihr Verhältnis zu den natürlichen und spirituellen Mächten. Treffen die Inka auf Völker, denen der Handel auf Gegenseitigkeit unbekannt ist, so verpflichten sie sie nun darauf: „Selbst bei militärischen Unternehmen wandten die Inka das System der Reziprozität an, dessen Erfolg die rasche Expansion zu einem guten Teil verdanken war, und zwar gingen sie wie folgt vor: Das Inka-Heer präsentierte sich einem Großherrn, dem Anführer eines Volkes, und der Inka oder dessen Vertreter schlug ihm vor, sein Land dem Inka-Staat anzugliedern, wobei er ihm natürlich gleichzeitig reiche Geschenke anbot, unter anderem auch Frauen. Nahm der Großherr Angebot und Geschenke an, wurden Festlichkeiten mit den bekannten Banketten veranstaltet. Andernfalls kam es zum Kampf und in der Regel trug das disziplinierte Inka-Heer den Sieg davon. Das Schicksal des besiegten Anführers war es dann, als Gefangener nach Cuzco gebracht zu werden, wo er nach der Siegesfeier seine Freiheitsliebe mit dem Leben bezahlen musste." (Rostworowski, M., 1997, S. 177)

Fundament und kleinstes Organisationselement in allen von den Inka beherrschten Provinzen ist die Dorfgemeinde. Weil sie ungefähr einhundert kriegsfähige Soldaten stellen kann, wird sie in der Literatur auch „Hundertschaft" genannt. Die Inka selbst nennen diese Gemeinschaft Ayllu, ein Quechua-Wort, das so viel wie Volksstamm, Geschlecht, Abstammung oder auch Haus bedeutet. Mehrere Hundertschaften werden zu einem Territorialverband zusammengefasst. Und obgleich das Reich zentral geplant, gesteuert und regiert wird, sind die Führer der Ayllu und der übergeordneten Territorialverbände mehr als bloße Befehlsempfänger. „Der Inkastaat stützte sich auf zwei gegensätzliche Kräfte ab, die sich in der Machtstruktur deutlich unterscheiden. Die zentrale Verwaltung, welche die Herrschaft der Inka-Eroberungsgruppe im Reiche sichern sollte, einerseits, und die örtlich gebundenen Sippengemeinschaften, welche wirtschaftlich weitgehend selbstgenügsam waren, andererseits. Im Allgemeinen wurden die örtlichen Stammesführer – Curacas – in ihren Stellungen belassen, wenn sie ihr Amt im Dienste der Inkaverwaltung ausübten." (Bollinger, A., 1979, S. 14)

Diese Methode der indirekten Herrschaft dient auch dazu, die Arbeitsverteilung innerhalb der Ayllus an die dort herrschenden Autoritäten zu delegieren. Das verringert unnötige Eingriffe des Staates und entlastet die zentrale Bürokratie. Ein weiterer Vorteil: Etwaige Unstimmigkeiten werden vor Ort geklärt und belasten nicht die Beziehungen zu den Machthabern.

Die im Reich der Inka lebenden Indios definieren ihre Zugehörigkeit nicht nur über die Ayllus, aus denen sie stammen, sondern auch über die Generation, in der sie geboren werden. „Das Wort für Generation ist vinay, von dem Verb vinachini, ernähren oder großziehen. Der Begriff vinakmaci bezeichnet Altersgenossen oder diejenigen, die zusammen aufgewachsen sind." (Julien, C., 2007, S. 49)

Jeder Angehörige des Volkes ist verpflichtet, einen Teil seiner Arbeitskraft und der Produkte seiner Arbeit der Gemeinschaft zur Verfügung zu stellen. Diese für das Kollektiv ausgeführten Arbeiten heißen Mita (Mit'a) und sind ein elementarer Bestandteil der öffentlichen Verwaltung. Als „Lohn" für die Arbeit für das Gemeinwesen kann sich jeder darauf verlassen, dass er selbst mit dem zum Leben Notwendigen unterstützt wird. Ebenso sind alle gesunden Männer zum Militärdienst verpflichtet. Doch wer in den Krieg ziehen muss, weiß seine Familie geistig und materiell gut versorgt. Auch hier greift das Prinzip der Reziprozität.

Siedlungspolitik und Zugehörigkeit

Die Inka sind wahre Meister darin, unterworfene Völker zu ihrem eigenen Nutzen und zur Mehrung ihres Reichtums zu organisieren. Wenn es ihnen nötig scheint, werden Familien, ja sogar ganze Familiengruppen umgesiedelt, um die flächendeckende Belieferung mit Gütern zu sichern oder um arbeitsintensive Bauprojekte umzusetzen. Allerdings bleibt der Großteil der in das Inka-Volk integrierten Stämme weiterhin in seinen Ursprungsregionen. Nur ein kleinerer Teil, die sogenannten Mitima oder Mitma, wird in andere Regionen umgesiedelt, um dort Arbeitsleistungen für die Gemeinschaft zu erbringen.

„Gemeinschaften von Handwerkern fanden sich in der Nähe von inkaischen Verwaltungszentren, damit sie nahe bei den Speichern lebten, in denen ihre Produkte untergebracht wurden. Menschen wurden eingezogen, um einzelnen Inka zu dienen, und in Gemeinden auf den Ländereien der Inka angesiedelt. Für inkaische Projekte wie Bergbau, Koka-Anbau und militärische Garnisonen war die dauerhafte Umsiedlung von Gemeinschaften in Gebiete weit entfernt von ihrer Heimat erforderlich. Menschen aus hochliegenden Provinzen wurden in tieferliegenden Talgebieten angesiedelt, um Nahrungsmittel für ihre Ursprungsprovinzen anzubauen." (Julien, C., 2007, S. 73) Diese Mitima unterstehen vermutlich den politischen Autoritäten der Regionen, in die sie umgesiedelt worden sind.

Datensammler aus Leidenschaft

Die Inka sind Datensammler aus Leidenschaft und Überzeugung. Jede Geburt, jeder Todesfall wird dokumentiert. Alle Bestände an Lebensmitteln und anderen Waren werden mit Hilfe der Knotenschnüre Quipu katalogisiert und sind auf diese Weise jederzeit abrufbar. Jedes domestizierte Lama, jedes Alpaka, das seine Wolle lassen soll, ist notiert und dokumentiert. Für die Administration der Inka ist der Überblick über all diese Daten und Fakten unerlässlich. „Der Besitz dieser Ressourcen (bedeutete) die absolute Kontrolle über das gesamte Organisationssystem im präkolumbianischen Peru, nämlich über die Reziprozität. Mit anderen Worten, die vollen Speicher ermöglichten nicht nur die territoriale Expansion, sondern auch den Unterhalt des Getriebes, welches das Ganze in Schwung hielt. Nur mit einem großen Vorrat an Produkten konnte die Inkaregierung immer wieder die großzügigen Geschenke verteilen, ohne die das System der Reziprozität undenkbar gewesen wäre." (Rostworowski, M., 1997, S. 181)

Alle Provinzen der Inka müssen Tributzahlungen leisten. Deren Kontrolle setzt voraus, dass die herrschende Elite jederzeit über Lagerbestände, Vieh und die Anzahl der Menschen in allen Teilen des Landes informiert ist. Die Lösung dafür liefert das Dezimalsystem: Alles und jedes, das zählbar, messbar, wägbar ist, Menschen wie Tiere und Dinge, wird in Dezimaleinheiten von 10 über 100 und 1.000 bis 10.000 erfasst. Das erleichtert die Berechnung von Lagerbeständen ebenso wie von abzuleistenden Arbeitsdiensten und Abgaben. Grundlage dafür ist ein gut funktionierendes Berichtswesen, festgehalten und eingeschnürt in Quipu. „Diese Statistiken gaben einen Überblick über die Potentiale einer Region und dienten dazu, Arbeitsaufgaben zu verteilen. Von 1000 Haushalten wurden beispielsweise für den Bau neuer Speicher 5 Prozent der Haushalte, also 50 Personen, bestimmt. Das bedeutete jedoch nicht, dass die übrigen Haushalte nicht betroffen waren: Sie waren verpflichtet, die Felder der Abwesenden zu bestellen." (Nowack, K. http://www.moneymuseum.com/moneymuseum/library/texts/text.jsp?lang=de&id=52507#1, Abrufdatum 21. Juni 2012)

Einheit	Zahl der Tributpflichtigen
Huno	10.000
Pisca huaranca	5.000
Huaranca	1.000
Pisca pachaca	500
Pachaca	100
Pisca chunca	50
Chunca	10

Abbildung 13: Dezimalsystem der Inka, basierend auf Angaben von Francisco Falcón und Fernando de Santillán, zitiert nach Julien, C., 2007, S. 82.

Als die Spanier Einblick in dieses „Reportingsystem" bekommen, sind sie beeindruckt von der Systematik der Inka. „Die aufsteigende Hierarchie der Dezimaleinheiten erweckt den Eindruck einer fast utopischen Ordnung, und deshalb ist es von Wissenschaftlern bezweifelt worden, daß diese Organisation außer als Zähleinheit für Zensuszwecke überhaupt einen praktischen Wert hatte." (Julien, C., 2007, S. 81) Aufzeichnungen der Spanier, in Verbindung mit den dazugehörigen aus Quipu übertragenen Daten, erlauben aber den Schluss, dass diese Daten tatsächlich Grundlage einer effektiven und auf die Einhaltung der Reziprozität beruhenden Verwaltung sind. Für das von den Inka beherrschte Volk der Chupachos ist eine solche Aufteilung erhalten geblieben. „Obwohl es insgesamt 4108 Haushalte gab, erfolgte die Zuteilung nach der abgerundeten Dezimalzahl von vier huaranca, also 4000 Haushalten.

Beispielsweise wurden 400 Haushalte oder 10 Prozent der Gesamtzahl angewiesen, Tapisserie-Webereien herzustellen. 40 Haushalte oder 1 Prozent der Gesamtzahl wurden für die Herstellung von Keramik abgestellt." (Julien, C., 2007, S. 83)

Dabei unterscheiden die Inka zwischen dauerhafter und zeitweiliger Arbeit. Beim Volk der Chuacha übernimmt eine Hälfte der Haushalte auf Dauer eine bestimmte Arbeit, die andere Hälfte wird zeitweilig mit wechselnden Aufgaben für die Gemeinschaft beschäftigt, auch wenn sie dafür umgesiedelt werden müssen. Solche Tributpflichtigen nennen die Inka Camayos. Sie leben zum Teil über Generationen hinweg außerhalb ihres Herkunftsgebietes, bleiben aber trotzdem ihrem Stamm und ihrem Clan zugehörig. Die Camayos sind spezialisierte Handwerker, zum Beispiel Steinmetze, Zimmerleute, Töpfer, Gold- oder Silberschmiede. Manchmal sind ganze Dörfer auf bestimmte Arbeiten spezialisiert und haben einen Status als Camayos. Zum Dank für ihre Arbeit werden sie und ihre Familien vom Staat ernährt und bekommen Felder zugewiesen, auf denen sie ihren Eigenbedarf anbauen dürfen. Wer auf seinem Spezialgebiet besondere Fertigkeiten zeigt, wird ausgezeichnet. Ein sozialer – womöglich sogar vererbbarer – Aufstieg ist mit diesem Prestige allerdings nicht verbunden.

Zur Arbeit für den Staat verpflichtet sind auch die Yanacuna. In der Literatur werden sie deswegen als Staatssklaven oder Leibeigene bezeichnet. Yanacona gehören zu einzelnen Haushalten und müssen diesen dienen. Im Gegenzug sind sie von anderen Arbeitsverpflichtungen ausgenommen.

Aclla, Yanacona und Camayos sind zu dauerhaftem Arbeitsdienst verpflichtet. Für andere Aufgaben werden die Arbeitskräfte nur für eine gewisse Zeitspanne eingeteilt. Das betrifft alle Gewerke und Dienste, die nur zu bestimmten Zeiten anfallen, zum Beispiel bei der Saat oder der Ernte. Dafür steht eine Gruppe von nicht besonders ausgebildeten Menschen zur Verfügung, die sogenannten Mitayo. Sie werden nur auf Zeit in andere Gebiete abgestellt, legen aber auch dafür teilweise größere Distanzen zurück.

Die Verwaltungsorganisation

Die Administration der Provinzen ist straff organisiert. Die gehobene Beamtenschaft besteht ausschließlich aus Inka, also aus den Angehörigen des Adels. Eine Gouverneurstätigkeit ist willkommener und notwendiger Teil der Elitenausbildung. „Diese (...) Verwalter der Provinzen waren Söhne der großen Herren dieser Königreiche. Man gab ihm [ihnen] diese Dienste, damit sie die Ausübung der Ämter und das Zählen und Befehlen erlernten und damit sie, sobald ihre Väter starben, das Amt antreten und wissen sollten, was es bedeutet, die Erde zu regieren." (Poma de Ayala, G., 1600–1615/1936, S.249)

Dieses Vorgehen sichert den Machterhalt der Inka: „Und darum wählte man keine der niederen Männer, denn die wichtigen Ämter sollten von den Söhnen der Capac Apo (Inka-Könige, Anm. d. Autors) wahrgenommen werden (...) Sie müssen Geschick haben und müssen diensteifrig und dafür tauglich sein." (Poma de Ayala, G., 1600–1615/1936, S.351).

Den Inka-Gouverneuren obliegt die gesamte Kontrolle über die Güter und Arbeitskraft in den Provinzen. Sie verwalten nicht nur die Besitztümer von Inka und Indios in ihrem Gebiet, sondern auch den Besitz der Huaca. „Diese besagten Verwalter sollen die Gemeinden (...) verwalten und die Saatfelder der Götter, mit allen Gewürzen, Speisepflanzen und Früchten und der Kleidung und den Viehherden und den Bergwerken, wie es der Gemeinde und Sapci gehört, und alles, was zu den Opfern und zum Vermögen der armen Indios und der Señoras (...) und der Vornehmen gehört." Die Verwalter sorgen für Wohlstand und gerechte Verteilung. Dabei werden sie von Mathematik- und quipukundigen Beamten unterstützt: „Damit es sich vermehrt und die einen den anderen nichts wegnehmen und sie untereinander keinen Rechtsstreit haben, damit es Gerechtigkeit gibt. Und damit die Llama Miches (Lamahirten, Anm. d. Autors) heilen und gute Hirten sind und ihre Quipos haben und man sie Abgaben liefern läßt." (Poma de Ayala, G., 1600–1615/1936, S. 351)

Abbildung 14: Leiter einer Verwaltungseinheit mit Quipu

Das System der dualen Macht

Ein wichtiges Element der Inka – wie auch vieler anderer andiner Organisationsstrukturen – ist das System der dualen Macht. Große und komplexe geografische und politische Machtbereiche sind stets zweigeteilt, oft wiederholt in absteigender Reihenfolge, so dass sich Viertel, Achtel, zuweilen auch Sechzehntel ergeben. Städte haben eine obere und eine untere Hälfte, und wenn die Topografie dieses nicht zulässt, eine linke und eine rechte Hälfte. Eine von beiden ist stets bedeutender und der anderen überlegen, herrscht aber nicht über die andere. Auch ein Anführer regiert nicht autokratisch, sondern hat in einer direkt untergeordneten Hierarchieebene ein etwas blasseres Spiegelbild, das ihn ergänzt.

„In einem Bericht über die bolivianische Stadt La Paz ist ebenfalls von einer klassischen dualen Teilung die Rede, doch gab es hier offenbar nicht nur einen Chef für jede Hälfte der Stadt, sondern jeweils noch einen zweiten, der einer niedrigeren sozialen Klasse angehörte und dem anderen untergeben war. Er war der ‚Mitarbeiter' (yanapac) des Oberchefs einer Stadthälfte. Hier haben wir es also nicht mit einer zwei, sondern mit einer vierfachen Machtaufteilung zu tun. Auch eine offizielle Inspektion von Capachica im Jahr 1575, (...) besagt, dass es in Capachica zwei Chefs für jede Hälfte des Dorfes, insgesamt also vier gegeben habe." (Rostworowski, M., 1997, S. 180)

Monarchie oder Diarchie?

Im Zusammenhang mit dem System der dualen Macht wird häufig behauptet, dass die Regierung der Inka keine Monarchie, sondern eine Diarchie, also das gleichzeitige und gleichberechtigte Königtum zweier Herrscher gewesen sei. Ein solches gleichberechtigtes System aus Zweien ist allerdings bisher nicht nachgewiesen. Eher ist davon auszugehen, dass die im dualen System aufgeteilte Macht zwei Pole bildet, die auf dialektische Art und Weise interagieren. So ist der Inka-König nicht nur Mensch, sondern gleichzeitig göttliches Wesen, das Ehrerbietung verlangt. Diese Komponente erleichtert sicherlich die Akzeptanz der Höherwertigkeit des einen Herrschers neben dem anderen.

Eine weitere Hypothese geht von einer gemeinsamen, diarchischen Herrschaft des Königspaares aus. Danach käme der Schwestergemahlin des obersten Inka eine nahezu gleichberechtigte Herrscherrolle zu. Auch hierzu gibt es in der wissenschaftlichen Literatur keinerlei hinreichende Beweise. Die belegbare Tatsache, dass auf der obersten Ebene der Inka-Elite Polygamie praktiziert wird, steht dieser These sogar konträr gegenüber. Denn häufig sind mehrere Schwestern und dazu noch einige Cousinen mit dem Inka verheiratet. Außerdem gibt es keinen Hinweis darauf, dass nach dem Tod eines Inka dessen Frau die Regierungsgeschäfte weitergeführt habe, so wie es zum Beispiel bei den Maya in einigen Fällen belegt ist.

Die Zweiteilung schafft Stabilität

Der Dualismus von Macht und Gebiet schafft ein extrem stabiles System der Gewaltenteilung. Wenn ein Herrscher oder ein Unteranführer ausfällt und nicht verfügbar ist, kann die Zweitbesetzung dessen Aufgaben aus dem Stand in seinem Sinne weiterführen. Wenn eine Hälfte der Stadt, des Dorfes, des Bezirks in Schwierigkeiten ist oder irgendwo ein Machtvakuum entsteht, bleibt die andere Hälfte stabil.

Andererseits begünstigt die duale Gliederung Konkurrenz und eifersüchtige Kontrolle. „Jeder Curaca (Vorsteher, Anm. d. Autors) einer Huno (Verwaltungseinheit mit 10.000 Menschen, Anm. d. Autors) besaß einen Quipo mit den Volkszählungsdaten für die gesamte Provinz, der dazu diente, den Zensus des anderen zu überprüfen." (Julien, C., 2007, S. 83) Zuweilen wohnt der Verwalter der einen auf dem Gebiet der anderen Hälfte; das Verfahren ist daher nicht per se spannungsfrei. „Diese Art der Zweiteilung diente als Kontrolle oder förderte die Konkurrenz zwischen Produktionsgebieten und scheint von den Inka für diese Zwecke institutionalisiert worden zu sein." (Julien, C., 2007, S. 83)

Um dieses komplizierte und wohl durchdachte System aufrechtzuerhalten, müssen die Inka in komplexen Strukturen denken, rechnen und planen. Auf diesem Gebiet haben sie erstaunliche Kompetenzen entwickelt. Obwohl das Alltagsleben der gesamten Bevölkerung extrem und bis in kleine Details strukturiert und organisiert ist, gelingt es der Elite, den Überblick über das große Ganze zu behalten und klug und vorausschauend zu planen.

Sozialwesen und Altersversorgung

Jeder Indio trägt seinen Teil zur insgesamt zu leistenden Arbeit bei. Niemand darf sich von einer ihm zugeteilten Arbeit drücken. Allerdings tragen die Inka auch Sorge, dass sich niemand übernimmt. Wie auf allen anderen Verwaltungsgebieten, so gibt es auch für den alters- und entwicklungsgemäßen Einsatz der Arbeitskraft fest gefügte Regeln.

Bis zum fünften Lebensjahr sind Jungen und Mädchen frei von Arbeit. Allerdings gehen sie ihren Eltern zur Hand und lernen spielerisch erste Fähigkeiten. Wenn die Kinder älter werden, bekommen sie mehr und mehr Aufgaben übertragen. Auf diese Weise folgen sie von klein auf dem Arbeitsgebot der Inka, das der Chronist Poma de Ayala so beschreibt: „Wir ordnen an und befehlen, daß alle Beamten und Handwerker nicht untätig oder faul sein sollen, darum sollen die Besagten ein nützliches Amt ausüben, die Statthalter, Oberpriester und Priester und großen Herren, welche die Erde regieren, und die kunstreiche Arbeiten ausführenden Handwerker." (Poma de Ayala, G., 1600–1615/1936, S.193).

Die wichtigste Bevölkerungsgruppe für die Inka sind Männer zwischen 25 und 50 Jahren. An ihrer Anzahl bemisst sich die Tributpflicht der Dorfgemeinschaft. Menschen ab 50 Jahren werden zwar weiterhin zum Arbeitsdienst herangezogen, aber nur noch nach ihren jeweiligen Fähigkeiten. Wer älter als 60 Jahre alt wird, was nicht häufig vorkommt, wird von der Gemeinschaft seiner Familie versorgt und braucht im Normalfall nicht mehr zu arbeiten. Auch Kranke, Invalide und Geistesgestörte werden von ihren Familienangehörigen in den Ayllus betreut und ernährt. „Armut bedeutete demzufolge, keine Verwandten zu haben und somit niemanden, auf dessen Arbeitskraft man zurückgreifen konnte." (Nowack, K., http://www.moneymuseum.com/moneymuseum/library/texts/text.jsp?lang=de&id=52507#1. Abrufdatum 26. Juni 2012).

Sprachen und Dialekte

Die kurze Zeit der Inka-Herrschaft hat nicht ausgereicht, um im Andenimperium eine gemeinsame Sprache durchzusetzen. Mit Aymara und Quechua dominieren zwei große Sprachfamilien. Beide sind neben Spanisch offizielle Landessprachen im modernen Peru und haben sich in eine Vielzahl von Dialekten ausdifferenziert. Noch heute können sich manche Sprecher unterschiedlicher Quechua-Dialekte nur mit Mühe untereinander verständigen. Allerdings ist das von den Inka selbst gesprochene Quechua eindeutig weiter verbreitet. Die Quechua-Sprecher selbst nennen ihre Sprache deswegen auch Runa Simi, von Runa: „Mensch" und Simi: „Mund, Wort, Sprache", also „Menschenwort".

Angesichts der großen Ausdehnung des Inka-Gebiets sind die relativ enge Verwandtschaft der dort gesprochenen Dialekte und die starke Vermischung mit den Aymara-Sprachen ohne Zweifel von Vorteil. Auf diese Weise können sich die Angehörigen der verschiedenen Völker über die wichtigsten Dinge verständigen. Die Zugehörigkeit zu einer Sprachgruppe bleibt auch bei länger dauernden Umsiedlungen erhalten und präsent.

Geschwisterehe und Heiratsdiplomatie

Anders als in den meisten Kulturen der Welt ist der Inzest bei den Inka nicht verboten, sondern fester Bestandteil der Machtbewahrung. Anlässlich der Umgestaltung der Hauptstadt verfügt Pachacutec Yupanqui, dass der obere Teil der Stadt den in männlicher Linie von Manco Capacs abstammenden Inka vorbehalten bleibt. Die Nachfahren aus der weiblichen Linie müssen in der Unterstadt siedeln. „Sodann löste er das Problem, dass die in die Inka-Sippe einheiratenden Prinzessinnen vom Ansehen der Inka etwas abzogen. Er schrieb einfach die Geschwisterehe vor. (…) Von nun an sollten der herrschende Inka und sein designierter Nachfolger nur ihre leiblichen Schwestern zu legitimen Frauen nehmen, um so das Prestige voll in der eigenen Sippe zu halten." (Riese, B., 2004, S. 31) Allerdings haben die meisten Herrscher mehrere Frauen und entsprechend viele Kinder, so dass häufig von dieser Regel abgewichen werden muss. Oft war die Nachfolge beim Tode eines Herrschers umkämpft, selbst wenn dieser einen Erben bestimmt hatte. „Interessanterweise galt zum Beispiel nicht das Recht der Primogenitur. Die Chronisten erwähnen zwar die Nachfolge des Sohnes auf den Vater, sprechen aber auch von späteren, anderen Traditionen. Am häufigsten ist die Rede vom Nachfolgerecht des ‚Fähigsten', der aus einer Reihe von Kandidaten auserwählt wurde, und zwar nicht nur bei den Inka selbst, sondern auch bei den Anführern der einzelnen Völker." (Rostworowski, M.,1997, S. 179)

Mächtige Inka vermeiden die Heirat mit Frauen, die weniger mächtigen Familien entstammen, denn das mindert ihr Ansehen. Umgekehrt nutzen sie die Möglichkeit, ihre eigenen Schwestern und Cousinen „an die Führer jener Gruppen zu verheiraten, die dem Reich angeschlossen worden waren. Betanzos (ein früher spanischer Chronist, Anm. d. Autors) berichtet mehrmals, dass Pachacuti (Pachacútec Yupanqui, Anm. d. Autors) und seine Nachfolger inkaische Frauen an lokale Herrscher verheirateten." (Julien, C., 2007, S. 53) Die Hochzeit mit einer hochstehenden Inka hebt das Ansehen des untergeordneten Führers und steigert dessen Loyalität zum Königshaus, trotzdem wird dieses Instrument der Allianzenbildung sparsam angewandt. Die klare Linie, die die Inka von den anderen Völkern des Reiches trennt, soll sich nicht über Gebühr verzweigen. „Ob allerdings die Nachfolger der Inka immer aus echt inzestuösen Beziehungen entsprossen, ist nicht sicher, da dem Herrscher zahlreiche Nebenfrauen zugestanden wurden und zudem das Quechua-Wort für Schwester möglicherweise auch für Kusinen gebräuchlich war." (Riese, B., 2004, S. 32)

Frauen transportieren Macht und Ansehen

Ihrem gesellschaftlichen Rang und ihrer Bedeutung in diesem Verwandtschaftsgeflecht entsprechend, haben die Inka-Frauen eine wichtige Machtposition. Von ihrem Status' leitet sich der Stellenwert der Familie ab. Hiervon profitieren auch die nach der Conquista von spanischen Männern mit Inka-Frauen gezeugten Mestizen. Viele sind hochgebildet und verstehen sich als Elite und Erben der Inka-Kultur. Ihr Selbstbewusstsein ist so groß, dass sich die Jesuiten im Jahr 1582 einvernehmlich entschließen, keine Mestizen mehr zum Priesteramt zuzulassen. Besonders Blas Valera (siehe Kapitel 1) – Priester, Poet, Chronist und Mestize – scheint dafür mit ausschlaggebend gewesen zu sein. „In fact, when the Jesuits in Peru vote unanimously in 1582 to never again allow mestizos into the Society, some claimed, that this policy was necessary because of the dangerous example provided by the mestizo Valera. Valera's story provides a remarkable example of courage in the defense of the native Peruvians and sheds valuable insights into the controversies over religion, language, and Inca culture among sixteenth-century missionaries and native elites." (Hyland, S., 2003, S. 3)

Zunächst allerdings dient die Schwesterheirat vor allem dem Erhalt von Macht, Besitz und Bildungsstandards innerhalb der Inka-Elite. Jeder Herrscher ist bestrebt, seinen persönlichen Machtbereich, seine Besitztümer und sein religiöses und gesellschaftliches Ansehen zu mehren, denn ein selbstverständliches Erbe, einen selbstverständlichen Besitzanspruch des Nachfolgers auf alle Güter des Inka gibt es nicht. „Was du ererbt von deinen Vätern, erwirb es, um es zu besitzen", dieses Diktum Goethes würde jeder Inka sofort unterschreiben. Der Inka-Staat ist ein Patrimonialstaat. „Er unterscheidet sich vom absolutistischen Königreich dadurch, daß der Herrscher nicht alles besitzt und daß dessen Erbe nicht an seinen Nachfolger fällt, sondern jeder neue Herrscher sich sein eigenes Patrimonium schaffen muß." (Riese, B., 2004, S. 33) Hier liegt vielleicht einer der Gründe für den Expansionsdrang der Inka und den Antrieb zur Eroberung neuer Gebiete.

Die Position der Frau

„Im Imperium der Inka war die Frau Arbeitskraft und Garant für die Fortpflanzung. Sie war, wie der Mann, gleichermaßen frei und unfrei. Sie hatte die gleichen Pflichten dem Staat gegenüber und bekam dafür den gleichen Schutz." (Anton, F., 1973, S. 35) Diese relative Gleichberechtigung geht einher mit einer klassischen Arbeitsteilung: Während die Männer auf Feldzügen, auf dem Acker und in Werkstätten tätig sind, verrichten die Frauen einen großen Anteil der Feldarbeit, sorgen für die Erziehung der Kinder und übernehmen das Herstellen von Stoffen und Kleidung. Diese Arbeiten sind wichtig für die Gemeinschaft und als solche geschätzt. Besonders das Spinnen und Weben entwickeln die Inka zu einer hohen Kunst. Ihre Stoffe sind mit ikonographischen Zeichen (Tocapu) mit einer ihnen fest zugeordneten Bedeutung versehen. Die Kenntnis der Symbolik und das Umsetzen in gewebten Stoff setzen viel Übung und eine gute Ausbildung voraus.

Eine besonders intensive Ausbildung kommt den Aclla, den sogenannten Sonnenjungfrauen zuteil. Im ganzen Inka-Reich werden Mädchen im Alter von zehn Jahren ausgewählt (Poma de Ayala spricht sogar von Vier- bis Fünfjährigen) und in klösterlicher Zurückgezogenheit von sogenannten Mamakuna, das sind ältere Sonnenjungfrauen, die ihr gesamtes Leben dem Ritus geweiht haben, ausgebildet. „Unter den zehnjährigen Mädchen haben eigens dafür eingesetzte Beamte im ganzen Reich die schönsten ausgewählt. Sie wurden dann von früher bereits ausgebildeten und daher erfahrenen Mamakuna in einem vierjährigen Noviziat unterrichtet, um besondere staatliche und religiöse Aufgaben ausüben zu können. (…) Zur Zeit der spanischen Eroberung Qusqus (Cuscos, Anm. d. Autors.) sollen im dortigen Sonnentempel 400 Manakuna gelebt haben." (Riese, B., 2004, S. 33)

Diese Aclla haben einen hohen Status. Sie bezahlen diesen aber mit einem Leben in Abgeschiedenheit. „(Sie) wahrten dauernde Jungfräulichkeit; sie besaßen weder Sprechzimmer noch Drehlade, noch einen anderen Ort, an dem sie sprechen oder einen Mann oder eine Frau sehen konnten; vielmehr waren sie immer mit ihresgleichen zusammen, denn sie sagten, die Frauen der Sonne dürften nicht derart gewöhnlich sein, daß jedermann sie sehen könnte." (Vega, de la G., 1609/1983, S. 152)

Nicht alle Aclla bleiben zeitlebens in den Acllahuasi genannten Gebäuden. Zu bestimmten Zeiten werden sie erneut begutachtet. Einige werden mit hochstehenden Inka verheiratet, andere erwählt der Inka-Herrscher für seinen eigenen Haushalt. Mädchen, die sich nicht bewährt haben, werden zu ihren Familien zurückgeschickt. Höchstes Gut und größter Schatz der in den Acllahuasi verbleibenden und dauerhaft dort lebenden Frauen ist ihre Jungfräulichkeit. Sie muss um jeden Preis geachtet und beschützt werden (vgl. Stingl, M., 1995, S. 262ff.).

KAPITEL 4

Die Erwähltheit der Besten
Auswahl, Bildung und Rolle der Elite

Um es gerade heraus zu sagen: Das Inka-Reich ist eine Zwei-Klassen-Gesellschaft (Espinoza, W., 1577/1997, S. 296). Die einfachen Indios leben ein gänzlich anderes Leben als die staatstragende Klasse der Inka (zur Mehrfachbedeutung des Begriffs Inka siehe Einleitung). Und nur aus dieser einige Tausend Mitglieder umfassenden Klasse rekrutiert sich die hierarchisch feingegliederte Aristokratie in Tahuantinsuyu. Es ist eine privilegierte Oberschicht, die das Land regiert, jedoch ist es keine geschlossene Elite, denn zumindest die Zugehörigkeit zum niedrigeren Inka-Adel ist nicht an das Blut gebunden. Wenn sich zum Beispiel die hohen Beamten der eroberten Gebiete als loyal erweisen oder Männer des Volkes sich im Kampf hervortun, werden sie bei den Inka aufgenommen („Inka durch Privileg" oder „ernannte Inka"). Andererseits wird nicht jeder Sohn eines Inka automatisch in den Adelsstand erhoben. Er hat zwar ein Anrecht darauf, muss sich die Auszeichnung aber erst durch Lernerfolge und Leistungen verdienen.

Das Bildungssystem der Inka

Die Chance darauf eröffnet das Bildungssystem. Freilich steht es nur einem kleinem Teil der Jugend offen, denn nach der Überzeugung des Inka Tupac Yupanqui war die Wissenschaft nicht für das Volk bestimmt, sondern nur für die Nachkommen königlichen Gebluts. Seine Begründung: Personen niedrigen Standes würden durch Bildung nur anmaßend gemacht; außerdem sollten sie sich nicht in Regierungsgeschäfte mischen, denn dies würde dem Ansehen der hohen Ämter schaden. (vgl. Prescott, W. H., 1848, S. 89)

Häusliche Erziehung und Grundbildung

In den Genuss dessen, was wir heutzutage unter formaler Schulbildung verstehen, das heißt die Vermittlung theoretischen Wissens an Schüler bestimmter Jahrgangsklassen durch fachkundige Lehrer, kommen bei den Inka weder Mädchen noch die Angehörigen der einfachen Schichten. Sie werden zu Hause von den Eltern geschlechtsrollenspezifisch erzogen und von klein auf, etwa ab dem Alter von fünf Jahren, anfangs spielerisch mit den notwendigen Arbeiten im Haus, auf dem Feld und im Dorf vertraut gemacht. In größeren Kommunen unterweisen zudem die Hersteller der Quipus (Quipucamayocs) anhand der in Knotenschnüren gespeicherten Informationen (siehe Kapitel 2) Kinder und Erwachsene in Religion und Geschichte des Landes. Belegt ist das unter anderen durch den Chronisten Pedro Cieza de Leon, der zwischen 1548 und 1550 das Reich der Inka bereist und der Nachwelt reichhaltige Aufzeichnungen hinterließ: „Die Quipucamayocs waren darin ausgebildet, den Kindern und den Erwachsenen in den Provinzen von der Vergangenheit und den Erfolgen der Inka zu erzählen. Mit Hilfe dieser Quipus können sie heute noch lesen, was 500 Jahre zuvor geschehen ist, so, als wären seither gerade 50 Jahre vergangen." (Cieza de Leon, P., 1550/2011, S. 39. Übersetzung vom Autor)

Wie die Inka die Sprache des Volks vereinheitlichen

Den Quipucamayocs obliegt auch die Verbreitung des Quechua-Idioms, das im 13. oder 14. Jahrhundert verbindlich als Nationalsprache vorgeschrieben wird. Bis dahin werden die in den Provinzen gesprochenen Heimatsprachen und -dialekte toleriert. Auf Anweisung des Inka jedoch darf ab einem bestimmten Zeitpunkt keine andere Sprache gesprochen werden. Die Methode, mit deren Hilfe die Bevölkerung „umgeschult" wird, ist ebenso einfach wie genial, umgangssprachlich könnte man sie als „Friss oder stirb" bezeichnen: „Anlässlich der offiziellen Besuche von Richtern und Quipucamayocs sowie der regelmäßigen Bestandsaufnahmen der Provinzbeamten wurde ausschließlich Quechua gesprochen." Um ihre Pflicht zu erfüllen und den Beamten Bericht über Bevölkerungsentwicklung, Ernten, gelagerte Vorräte und begonnene oder beendete Bauten zu erstatten, waren die Einwohner gezwungen, die

Landessprache zu erlernen. Von der Abschaffung des Sprachgewirrs profitieren jene Eroberer, die nicht sogleich ihre Schwerter und Büchsen sprechen lassen wollen. „Wenn die Spanier mit dieser einen Sprache vertraut waren", notiert Cieza de Leon (Cieza de Leon, P. 1550/2011, S. 70), „konnten sie sich im gesamten Inka-Herrschaftsgebiet problemlos verständigen."

Ausbildung und Rolle der Frau

Frauen haben in der Inka-Welt ganz eigene Aufgaben und von daher einen hohen Stellenwert, aber sie sind den Männern nicht völlig gleichgestellt. Während sich die Angehörigen des Volkes auf monogame Beziehungen beschränken und nur eine Ehefrau haben, pflegen die Adligen neben der Hauptfrau mehrere, der herrschende Inka sogar viele Nebenfrauen zu haben. Witwen werden entweder von einem ledigen Bruder des Verstorbenen geheiratet oder verwalten unter Aufsicht der Familie ihres Mannes bis zur Mündigkeit des ältesten Sohnes den Familienbesitz. Eigentum (im europäischen Sinne, dass es bei den Inka aber so nicht gab) an Haus und Land können Frauen niemals erwerben. Sie müssen sich aber an allen anfallenden Arbeiten beteiligen. Faulheit wird im Reich des Inka nicht geduldet. (Cunow, H., 1937/2011, S. 112ff.)

Eine formale Bildung wird nur ausgewählten jungen Mädchen zuteil, die in Frauenschulen (Acllawasi) vier bis fünf

Jahre lang zu künftigen Ehefrauen der Inka-Elite herangebildet werden.

Abbildung 15: Aclla mit Mamacuna

Den Acllawasi verdanken wir die schönsten Stoffe und Teppiche, die die Inka hinterlassen haben.

Adel verpflichtet: Die Ausbildung der Inka-Elite

Schon früh lernen die heranwachsenden Knaben von ihren Vätern ein Handwerk, in der Regel das des Vaters, die

Mädchen die Hausarbeit von ihren Müttern. Männliche Jugendliche von Adel indes werden ab einem Alter von etwa zwölf Jahren in eigens dafür gebauten Schulen, den sogenannten „Häusern des Wissens" (Yachaywasi) unterrichtet; sie sind das Gegenstück zu den Acllawasi für die Frauen. Auf dem Lehrplan stehen Religion, Moralphilosophie, Waffenführung und Waffenherstellung, das Knüpfen und Lesen der Quipus, die Gesetze und Regeln der Regierungsverwaltung sowie Disziplin und Selbstbeherrschung. So treiben sie viel Sport und üben sich rituell in der mannhaften Beherrschung von Entbehrungen und Schmerzen.

Glaubt man dem späten Chronisten Bernabé Cobo, so nahm sich bereits der erste Inka-Herrscher Manco Capac der geistigen Ausbildung der Männer seines Volkes an: „Er machte nützliche Gesetze für die Bildung seiner Vasallen in löblichen Sitten und Gebräuchen, für den Fortschritt und die Zufriedenheit seines Staates." (Cobo, B, 1653/1964, S. 117) Er begann damit bei seinem eigenen Sohn: „(Sinchi Roca) wurde von seinem Vater gut in den Angelegenheiten der Regierung und des Staates unterrichtet, und er führte diese mit solch großer Sorgfalt aus, dass er von allen, nicht weniger als sein Vater, dafür geliebt wurde, dass er sie gut behandelte." (Cobo, B., 1653/1964, S. 122. Übersetzungen vom Autor.) Diesen Unterricht dehnt Sinchi Roca bei seinem Sohn Lloque Yupanqui noch weiter aus: „Viele Jahre lang kümmerte sich der Inka um nichts anderes als darum, seinen Sohn Lloque Yupanqui zu lehren, wie man seine Vasallen zu regieren hat. Er unterrichtete ihn auch über die

Waffen und über die Art und Weise, wie man das Reich vergrößern kann." (Cobo, B., 1653/1964, S. 123)

Der offizielle Begründer der Eliteausbildung ist den Historikern Pineda (2001) und Murra (1999) zufolge Inka Roca (um 1350), der erste Herrscher in Ober-Cusco. Bereits in seiner Thronrede soll dieser die Gründung einer Schule angekündigt haben. Allerdings war er laut Garcilaso de la Vega der Meinung, dass es nicht ratsam sei, dass die Kinder der gewöhnlichen Leute die Wissenschaften lernten, damit sie nicht hochmütig würden und den Staat gefährdeten. Für sie genüge es, wenn sie die Arbeiten ihrer Väter lernten.

Yachaywasi – die Häuser des Wissens

In den internatsähnlichen Yachaywasi in und außerhalb der Hauptstadt Cusco unterrichten Gelehrte, Buchhalter, Historiker und Poeten die adligen Jünglinge, vornehmlich solche aus dem Inka-Geschlecht, und bereiten sie auf ihre künftige religiöse oder gesellschaftliche Funktion vor. Diese Aufgabe ist ihnen von klein auf vorbestimmt; denn die Möglichkeit einer freien Berufswahl ist in dieser Gesellschaft sehr eingeschränkt. Die Schulen und deren Lehrer (Amautas) genießen hohes Ansehen in der Inka-Gesellschaft. Chronisten berichten von prächtigen Bauwerken, die nahe den Königspalästen gelegen sind. Weil sie Bildung sui generis wertschätzen und weil ihnen sehr an der gleichgerichteten Erziehung des Nachwuchses gelegen ist, nehmen die Herrscher gern am Unterricht teil und halten mitunter selber Vorlesungen. Einerseits aus menschlicher Eitelkeit, doch zum anderen sind sie sich vollauf der Tatsache bewusst, dass der heranwachsende Führungsnachwuchs eines Tages die Verantwortung für das einfache Volk übernehmen und tragen muss. „Da Bildung das entscheidende Unterscheidungsmerkmal zwischen Volk und Elite war, war die Aus- und Fortbildung der Inkas eine staatstragende Angelegenheit, die mit den allergrößten Anstrengungen betrieben wurde." (Braun, H.-G., 2004, S. 32)

Die Gelehrten oder Amautas sind, so kommentiert Garcilaso de la Vega, „Männer von illustrer Linie". Dem schließt sich der peruanische Historiker Daniel Valcarcel (1961) an. Er wertet den Amauta als „inkaischen homo intellectualis und moralis", als „Integration des quantitativen Wissens und qualitativer und schöpferischer Reife. (...) Sein übliches Zentrum war das Yachaywasi oder Haus des Wissens, er hatte aber auch andere Aufgaben entsprechend den festgelegten örtlichen Umständen." (S. 29)

Lerninhalte und Lernformen

Der Chronist Bernabé Cobo beschreibt im 17. Jahrhundert, was und wie in den Knabenschulen gelehrt wird: „Es gab vier Meister für verschiedene Dinge und verschiedene Zeiten der Schüler. Der erste Meister lehrte zu Beginn die Sprache des Inka, welche die besondere war, die er sprach, anders als das Ketschua oder Aymara, welche die beiden allgemeinen Sprachen waren dieses Reiches." Wenn die Schüler diese Sprache beherrschten „kamen sie unter die Obhut eines anderen Meisters, welcher sie das Verehren der Götzen und ihrer Huacas lehrte, wie sie sich vor ihnen verneigten und die Zeremonien, welche es dafür hatte, erklärte ihnen die Unterschiede der Götter und ihre Namen und all die Dinge, welche zu ihrer Religion und zu ihrem Aberglauben gehörten." (zitiert nach Murúa, Martin de, um 1590/2001, S. 358)

Im dritten Ausbildungsjahr kamen die Knaben in die Obhut eines anderen Meisters, „welcher ihnen mit Hilfe seiner Quipus die Geschäfte erklärte, welche zu einer guten Staatsführung und zu ihrer Regierung gehörten, und die Gesetze und den Gehorsam gegenüber dem Inka und seinen Gouverneuren und die Strafen, welche man denjenigen erteilte, die ihre Mandate brachen. Das vierte und letzte Jahr lernten sie mit einem anderen Meister mit denselben Schnüren und Quipus viele Geschichten und Ereignisse aus alter Zeit und Kriegsgeschehnisse, welche in vergangener Zeit stattgefunden haben, die Listen ihrer Inkas und Hauptleute; und wie sie die Burgen eroberten und ihre Feinde besiegten, und alle diese Dinge, die bemerkenswert waren, damit sie sie in Erinnerung behielten und sie im Gespräch darüber berichten; und die Meister ließen sie erzählen und auswendig aufsagen. Durch die Art und Weise ihres Referierens erreichten sie es mit Leichtigkeit (…) Zum Abschluss dieser vier Jahre des Unterrichts berichteten die Meister dem Inka, durch den höchsten von ihnen, was sie fühlten und erwarteten seiner guten Neigung." (Murúa, M. de, um 1590/2001, S.336f.)

Die Kenntnis der Sprache ist in den Yachaywasi eine Disziplin für sich. Sie nimmt einen großen Teil der vierjährigen Ausbildung in Anspruch, denn sie stützt das Wissen um die Literatur und Geschichte. Besonders gepflegt von den Amautas, aber auch von lehrenden Dichtern, ist die Poesie. Ebenso gelehrt wie die Sprache werden die Arithmetik, das Rechnungswesen und die Statistik.

Vierjähriger Studienplan der Inka-Söhne im Yachaywasi			
1. Jahr	Moralphilosophie / Waffenführung und Herstellung / Exerzieren Mannschaftlicher Konstanz / Entbehrung und Schmerzen / Disziplin und Selbstbeherrschung	Sprache der Inka (Ketschua), Arithmetik, Geometrie, Rechnungswesen, Statistik	1. Meister
2. Jahr		Religion, Gottheiten, Huaca, Zeremonien	2. Meister
3. Jahr		Staatsführung, Gesetze, Gehorsam gegenüber dem Inka, Strafen	3. Meister
4. Jahr		Knüpfen und Lesen der Quipus, Geschichte von Eroberungen, Poesie	4. Meister
Abschluss: Eine einmonatige Prüfung, die vom Inka beaufsichtigt wird. Wer besteht, wird Inka (Goldener Ohrring). Wer nicht besteht, geht zurück zum Volk.			

Abbildung 16: Ausbildungsplan in der Yachaywasi (Quelle: Albert Stähli)

Die Abschlussprüfungen

Weil sich die Anwesen der Elite in und rund um die Hauptstadt Cusco herum befinden, werden hier die meisten Schulen errichtet. Auch die hoch in den Anden gelegene befestigte Siedlung Machu Picchu – erst zu Beginn des 20. Jahrhunderts entdeckt, heute jedoch als Weltkulturerbe endgültig dem Vergessen entrissen – soll als ein solcher, vielleicht sogar als der exklusivste Lernort für die jungen Männer der Aristokratie gedient haben. „Die Kinder der Provinzfürsten (gemeint sind nur die Jungen, Anm. d. Autors) wurden angewiesen, sich für ein volles Jahr lang in ein Schulgebäude in der Stadt Cusco zu begeben. Deshalb war das Gebäude stets voll von jungen Menschen, die dort Instruktionen und Bildung nach Art der Inka bekamen." (Cieza de Leon, P., 1550/2011, S. 44)

Wenn diese anschließend zurück in ihre Heimat oder auf strategisch wichtige Außenposten entsandt werden, sind sie endgültig Männer geworden. „Die Ernsthaftigkeit, mit der die Ausbildung der Elite betrieben wurde, hatte ihren Ursprung im Ergebnis. Nur wer die umfangreichen Inka-Examina bestand, wurde zum Inka, wer nicht bestand, der fiel zurück ins Volk." (Braun, H.-G., 2004, S. 33)

Die Prüfungen der Anwärter finden alljährlich statt, dauern einen Monat und erstrecken sich auf alle Unterrichtsgebiete. Daran teil nimmt auch der erstgeborene Inka, wenn er in das richtige Alter gekommen ist. Er wird ebenso streng examiniert wie die anderen jungen Männer, auch genießt er keinerlei Bevorzugungen, weil das Volk der Meinung ist, gerade ein solch Hochgeborener bedürfe keiner Vorrechte gegenüber dem Volk.

Anders als seine Altersgenossen muss sich der Thronfolger aber noch strengeren Prüfungen wie etwa tagelanges Fasten mit einem unmittelbar anschließenden Wettlauf unterziehen. Man fügt ihm Verletzungen zu und sondert ihn, falls er Schmerz zeigt, aus dem Wettkampf aus. Und man bedroht ihn mit dem Tode. Gibt der Inka-Sprössling dabei auch nur das geringste Anzeichen von Angst zu erkennen, dann ist er von Stund' an von der Nachfolge als oberster Inka ausgeschlossen. Denn Vater und Volk wollen in einem Nachkommen der Sonne einen würdigen Helden sehen: „Auf Grund solcher Vorzüge verdiente er (...) zu herrschen, mehr denn auf Grund des Umstandes, daß er der Erstgeborene seines Vaters wäre. Sie (die Angehörigen des Volkes, Anm. d. Autors) meinten auch, es tät sehr not, daß die Könige und Kronprinzen die Mühsal des Krieges am eigenen Leibe erführen, damit sie diejenigen achteten, ehrten und belohnten, die ihnen im Kriege dienten." (Vega, G., 1609/1983, S. 231)

Integration durch gemeinsames Lernen von Siegern und Besiegten

Ein konstituierendes Merkmal der Inka-Herrschaft ist die rasche und nach Möglichkeit gewaltlose Integration der ihr freiwillig zugefallenen oder im Kampf unterlegenen Stämme. Bevor das Inka-Heer in ein Nachbarland einfällt, zeigt es sich von seiner großzügigen Seite, überbringt dem Fürsten reiche Geschenke und demonstriert seine Stärke, verbunden mit der Bitte, sich dem Inka-Staat anzuschließen. Die Einwilligung wird mit ausgiebigen Festen gefeiert. Wenn jedoch der Vorschlag zurückgewiesen wird, kommt es zu einer Schlacht. In der Regel gehen die Inka siegreich daraus hervor. Der unterlegene Herrscher wird anschließend als Gefangener nach Cuzco verschleppt, wo er nach vorausgegangenem, allzu heftigem Widerstand getötet wird. Denn die Inka gehen keine Kompromisse ein, sondern bestehen auf der völligen Unterwerfung unter ihre zentrale Administration.

Als sei dies Abschreckung genug, behalten die hohen Würdenträger der übernommenen Stämme anfangs ihre Funktionen in der Verwaltung. Sie müssen allerdings ihre Söhne nach Cuzco schicken, wo sie in den Yachaywasi ausgebildet und im Sinne der Inka (um)erzogen werden. Möglicherweise dienen die Abkömmlinge der besiegten Fürsten auch als Geiseln, die ihre unterlegenen Väter von Racheakten und Aufständen abhalten sollen. Doch welches Motiv auch immer an vorderer Stelle steht: Mit der frühen und konsequent durchgeführten Indoktrination der migrierten Jugendlichen bewahren die Inka die innere Ruhe im Reich. Spätestens eine Generation nach dem Verlust der Selbständigkeit ist der fremde Stamm politisch, administrativ und kulturell vollständig im Inka-Staat aufgegangen.

Privilegien und Verantwortung der Elite

Der Dualismus zwischen dem bedürfnislosen und weitgehend ungebildeten Volk und der wissenden und sorgfältig erzogenen Elite mit ihren vielen Privilegien könnte nicht größer sein. Eine tiefe Kluft trennt die einfachen Indigenas von den Beamten des Staatsapparates und den Angehörigen der Inka-Elite. Das Leben des Volkes besteht aus Arbeit (wiewohl diesem Begriff das europäische Verständnis vom Dualismus zwischen Freizeit und Arbeit zugrundeliegt, das es in dieser Form bis heute nicht in den Andengebieten gibt), aufgelockert von religiösen und gesellschaftlichen Ritualen. Auch die Priester und die Oberhäupter der Dörfer genießen viele Vorrechte. So werden sie von der Dorfgemeinschaft unterhalten, müssen keinen Tribut entrichten, sich nicht um die Viehherden kümmern und auch nicht das Land des Inka bestellen.

Diese auf den ersten Blick (und aus der aufgeklärten Sichtweise des 21. Jahrhunderts, siehe Einleitung) empörende Ungleichheit ist freilich nicht nur zum Nachteil des Volkes. Denn zum Ausgleich für ihre bevorzugte Stellung tragen die Angehörigen der niederen und höheren Adelsklassen ein hohes Maß an Verantwortung für die sie unterhaltenden Landarbeiter und Handwerker. Vom Volk wird keine übermäßige Arbeit verlangt. Außerdem darf es zuerst sein eigenes Land bestellen und muss sich erst dann den Gemeinschaftsaufgaben widmen. Besondere Dienste und Leistungen werden hoch entlohnt. Weder der Inka noch seine Statthalter sind Tyrannen. Die Elite kontrolliert sich selbst durch ein System beigeordneter Machthaber. Wenn ein Herrscher seine Macht willkürlich oder über Gebühr auszuüben versucht oder wenn er sich als feige oder unfähig erweist, kann ihn ein örtlicher oder im Fall des Inka selbst staatlicher Rat auch gegen seinen Willen absetzen.

Dieses System von „Checks and Balances" hält das Staatswesen über drei Jahrhunderte hinweg im Gleichgewicht. Die Inka-Gesellschaft ist zwar eine totalitäre Klassengesellschaft, aber immerhin gründet sie auf einem fairen Ausgleich von Geben und Nehmen. Wer krank ist und nicht arbeiten kann, wird von der Gemeinschaft versorgt. Ohne schuldhaftes Handeln wird niemand von ihr ausgeschlossen, doch wer ihr angehören will, wird mit großem Willkommen aufgenommen. Auch das entspricht dem Gebot der Reziprozität, des Gebens und Nehmen, des auf Ausgleich gerichteten Denkens und Handelns.

Auch wenn diese Aussage von indigen-bewegten Idealisten zurückgewiesen werden wird, so ist nach Ansicht der Historiker bewiesen: Ohne die strategische Planung und deren strikte Durchsetzung durch die Staatsbeamten, die auf Weisung des obersten Inka handeln, hätte das einfache Volk nicht überleben können. Nach der Luhmannschen Definition (Luhmann, N., 1997) könnte es sich bei den Inka um eine stratifizierte Gesellschaft gehandelt haben, die auf der rangmäßigen Ungleichheit ihrer Teilsysteme beruht. Für diese gilt: „Der Wegfall einer Schicht, insbesondere der Oberschicht, wäre für die Gesellschaft verheerend, da die Unterschicht die Oberschicht nicht unmittelbar ersetzen kann." Eine Revolution im modernen Sinne hätte dem Volk keine Verbesserung der Lebensumstände, sondern deren Zerfall und damit den Untergang gebracht. „Es ist also unmöglich, ein Teilsystem zu entfernen, ohne die Gesellschaft zu zerstören oder stark zu modifizieren." (Burch, J., 2010, S. 7)

KAPITEL 5

Das Beste von allen Völkern übernehmen

Die Klugheit der Inka bei Eroberungen

Bevor die Inka an die Macht kamen, bestand das riesige Gebiet zwischen Amazonas und Pazifik aus einer Vielzahl von heute kaum mehr bekannten Volksstämmen und Sprachgruppen. Es ist das unbestrittene Verdienst der Adelselite, das Land und seine Bewohner weitgehend friedlich geführt und sich die existierende Vielfalt dabei sogar zu Nutze gemacht zu haben.

Der Kampf ist die Ultima Ratio

Kriegerische Auseinandersetzungen werden von den Inka als das letzte Mittel angesehen, um das Reich zu vergrößern und seine Grenzen zu befrieden. Bevor Steinschleudern, Keulen, Streitäxte, Pfeil und Bogen ihre todbringende Rede führen, versuchen die Herrscher alles, um sich fremde Stämme oder aufbegehrende eigene Volksgruppen geneigt zu machen.

Diese tendenziell pazifistische Haltung wird weder von den frühen Chronisten noch von nachfolgenden Historikergenerationen gewürdigt. „Die Ausdehnung des Reiches vollzog sich durch eine Reihe diplomatischer Unternehmungen und geschickt geführter Kriege, die nicht auf die Vernichtung der Feinde, sondern auf ihre Aufnahme ins Reich hinzielten", erkannte der – zugegebe,: stark idealistisch gesonnene und in die Utopie des Sozialismus verträumte – französische Völkerkundler Louis Baudin (1944). Als einer der ersten Wissenschaftler rückt er die Staatskunst der Inka in die Nähe zur Moderne: „Die Eroberungen geschahen in moderner Art und Weise, wirtschaftlich wie auch militärisch gesehen. Jede besetzte Provinz wurde organisiert: Die Sieger sammelten die Einwohner in den Städten, ließen Straßen bauen und Lagerhäuser und Staatsscheunen errichten und setzten die kaiserlichen Verordnungen in Kraft. Die Gefangenen wurden entlassen und die Machtbefugnisse der Führer, die sich unterwarfen, bestätigt. So vollzog sich die Eroberung etappenweise durch aufeinanderfolgende Friedensstiftungen." (Baudin, L., 1944, S. 32)

Garcilaso de la Vega bezeugt die Großherzigkeit des Inka

Zu den materiellen Mitteln der Diplomatie zählen nützliche Gaben und begehrenswerte Geschenke, zu den ideellen der Ruhm und das Ansehen der göttlichen Herrscher. Der Chronist Garcilaso de la Vega liefert in seinen „Wahrhaftigen Kommentaren" eine ausführliche Beschreibung, wie der Inka seinen ihm vorauseilenden Ruf – wir würden heute sagen: sein „Image" – einsetzt, um die Bewohner eines Ortes namens Cac-yauiri für sich zu gewinnen: „Der Inka sandte ihnen die üblichen Forderungen, und insbesondere ließ er ihnen sagen, daß er nicht nach ihrem Gut und Leben trachtete, sondern ihnen die Wohltaten erweisen wollte, die den Indianern zu erweisen ihn die Sonne hieße, und sie sollten deren Söhnen die Achtung nicht versagen, denn diese wären unbesiegbar, da die Sonne ihnen in allen ihren Eroberungszügen und Kämpfen beistünde, und sie sollten die Sonne zu ihrem Gott machen und verehren." (Vega, G. de la, 1609/1983, S. 113)

Die Gesandten des Inka gehen immer wieder mit dieser Botschaft in das Dorf, doch die Indianer verweigern die Unterwerfung. „Sie hätten eine gute Lebensart und sie wollten keine bessere und sie hätten ihre Götter und einer von denen wäre jener Berg, der sie beschützte und ihnen seine Gunst erweisen würde, und die Inka sollten in Frieden ziehen und andere lehren, was immer sie mochten, denn sie selbst wollten nicht lernen. Der Inka, der nicht gesonnen war, ihnen eine Schlacht zu liefern, sondern sie durch Schmeichelei oder, wenn nicht anders, durch Hunger bezwingen wollte, teilte sein Heer in vier Teile und umzingelte den Berg." (Vega, G. de la, 1609/1983, S. 113)

Anders als erwartet, greifen die Soldaten des Inka nicht an, sondern verharren regungslos am Fuß des Berges. Schließlich macht sich die Anspannung der Dorfbewohner Luft, und sie attackieren das Heer der Belagerer. Es kommt zu einer blutigen Schlacht, bei der viele Männer ihr Leben verlieren. „Nach dem großen Sterben (…) ergaben sich die Widerspenstigen (…) voller Reue über ihren Starrsinn; da sie eine größere Strafe fürchteten, scharten sie alle ihre Leute zusammen und brachen in Gruppen auf, um Gnade zu erflehen." (Vega, G. de la, 1609/1983, S. 114) Der Inka empfängt die Delegationen und bedeutet ihnen, „... daß er ihr Leben schonte und ihnen die Freiheit schenkte, und mit milden Worten sagte er ihnen, daß er nicht gekommen wäre, ihnen Gut und Leben zu nehmen, sondern ihnen Gutes zu tun und sie zu lehren, in Vernunft und nach dem göttlichen Gesetz zu leben und (...) als Gott die Sonne zu verehren, der sie jene Gnade verdankten. (Vega, G. de la, 1609/1983, S. 114)

Hin und wieder scheitert der „Friendly Takeover"

Lange bevor die Truppen aufmarschieren, im besten Fall, ohne dass dies überhaupt erforderlich ist, verkünden Sendboten des Inka dessen göttlichen Auftrag und bieten den fremden Häuptlingen Privilegien für ihre freiwillige Unterwerfung an. Sie rühmen die Herkunft, die Macht und die Großzügigkeit des Inka. Sie beschreiben die perfekte Organisation des Staates und stellen Schutz und ausreichende Versorgung in Aussicht. Sie wecken die Hoffnung, auch die Neubürger könnten sich künftig im Glanz des Reiches sonnen und werben nach Kräften für den friedlichen Anschluss an das Reich des Sonnengottes.

In den meisten Fällen gelingt der „Friendly Takeover", und es wird kein Blut vergossen. Wenn die Diplomatie jedoch scheitert, dann ziehen Hundert- und Tausendschaften von eingezogenen Bauern und Arbeitern unter dem Kommando von adligen Offizieren in die Landstriche jenseits der Grenzen des Reiches und kämpfen um die Oberhoheit. Die Schlachten werden mit größtmöglicher Brutalität geführt, um den Sieg möglichst schnell nach Hause bringen zu können. Anders als bei den Azteken werden keine lebende Gefangene gemacht, denn Menschenopfer spielen in der Religion der Inka keine besonders große Rolle.

Der Chronist Poma de Ayala berichtet, dass Kriegsgefangene zuweilen in Triumphzügen durch die Straßen von Cusco geführt werden. Um seine Macht zur Schau zu stellen, setzt der Herrscher seinen Fuß auf ihre Nacken und verwirkt damit ihr Leben. Bewusst martialisch und abschreckend soll die Symbolik des Todes wirken. Aus den Schädeln mächtiger Feinde werden Trinkgefäße geschnitzt, Krieger schmücken sich mit Halsketten aus den Zähnen getöteter Gegner, Unterschenkelknochen werden zu Flöten, unter deren Klängen die Inka-Soldaten in fremde Territorien einmarschieren.

Die Kriege der Inka dauern deshalb meist nur Tage oder wenige Wochen. Jeder, der sich zur Wehr setzt, wird getötet. Das gleiche Schicksal widerfährt Überläufern oder Abtrünnigen des Inka-Heeres. Häuptlinge und Priester in den erkämpften Dörfern verlieren entweder ihr Leben oder werden in seltenen Fällen in die Hauptstadt Cusco gebracht. Die Bauern und Handwerker in den eroberten Gebieten jedoch werden von den neuen Herrschern willkommen geheißen und, so die Kriegswirren dies nötig machen, mit Nahrung versorgt.

Die Kolonisationspolitik

In der Regierungszeit von Tupac Yupanqui (1471–1493) wird das weiteste zusammenhängende Gebiet im vorspanischen Südamerika von den Inka unter einer Herrschaft und einer politischen Verwaltung zusammengeführt. Tupac Yupanqui erobert den mächtigen Chimú-Staat im nördlichen Küstenland, im Süden das heutige Nord-Chile sowie das Bergland Nordwest-Argentiniens und Boliviens. Er wirft einen Aufstand der Aymara-Fürsten auf der Hochebene des Titicacasees nieder und besetzt das ecuadorianische Bergland bis hoch nach Quito.

Als sein Nachfolger Huayna Capac (1470–1525) zum regierenden Inka gekrönt wird, ist der innere Aufbau des Reiches nahezu vollendet. Huayna Capac obliegt es, Aufstände niederzukämpfen und die Ordnung aufrechtzuhalten. Neue Eroberungen fanden nur noch im Hochland von Ecuador statt, bis zum Ancasmayo, dem Grenzfluss zwischen dem heutigen Kolumbien und Ecuador. Zu dieser Zeit hat „das einzige, wirkliche Imperium im alten Amerika seine größte Ausdehnung erreicht, vom Rio Ancasmayo im Norden bis zum Rio Maule im Süden, einige Breitengrade nördlich des Äquators bis zum 36. südlichen Breitengrad. Die Wellen des großen Ozeans und der amazonische Urwald bildeten natürliche Grenzen im Westen und Osten." (Disselhoff, Hans D., 1978, S. 139)

„Diversity" als strategische Maßnahme

Disziplin und eine streng sanktionierte Rechtsordnung hält die Autorität des Staatswesens im Inka-Reich aufrecht. Doch ein nicht minder wirksames Machtinstrument ist die Art und Weise, mit der die Inka die von ihnen eroberten Gebiete kolonialisieren. An erster Stelle ist hier die konsequent umgesetzte Umsiedlungspolitik der Elite zu nennen. Gemeinsam mit der straffen Verwaltung gründet sich darauf das Imperium der Inka – „(...) wobei die meisten sagen, dass die Inka allmählich vordrangen, indem sie die Vasallen unterwiesen und das Land bebauten" (Vega, G. de la, 1609/1983, S. 112) – und nicht etwa auf Aggression, bessere Waffen oder überlegene Kriegskunst.

Die Inka setzen auf Diversität, auf die Pluralität und Vielfalt der Stämme, und sie vermeiden geschickt die Ghettobildung der Unterworfenen. Anders als manche Politiker in der Neuzeit, schieben sie der Bildung von soziologisch homogenen Zentren („Ausländerviertel", „Slums", „Banlieus", „Favelas") von Anfang an rigoros einen Riegel vor, in dem sie die Bevölkerung ihres eigenen Herrschaftsgebietes konsequent mit Menschen aus den eroberten Regionen durchmischen.

Jedes Mal, nachdem die Söhne der Sonne siegreich aus einem Krieg hervorgegangen waren, wird ein ausgewählter Teil der unterlegenen Stämme in die befriedeten Provinzen des Inka-Reiches umgesiedelt. Dem riesigen Arbeitskräftereservoir der unterworfenen Völker entnahmen die Inka Soldaten für ihre Garnisonen sowie Steinmetze und Maurer, die ihnen Straßen, Brücken, Städte und Tempel bauten. Sie suchten sich unter den besiegten Völkern die begabtesten Staatsbeamten zur Durchsetzung ihrer Politik aus. Die kunstfertigsten Männer und Frauen der Besiegten stellten Textilien, Ton- und Metallwaren mit den typischen Merkmalen der Staatskultur her.

Selbst die Häuptlinge der eroberten Gebiete dürfen, falls sie sich nicht gewaltsam gegen die Übermacht aufgelehnt haben, in ihrem Positionen bleiben. „(...) Nie setzten sie die Hauptleute der eroberten Provinzen ab (...), sie beließen ihnen ihre Ämter (...) und gaben ihnen andere von königlichem Geblüt zu Vorgesetzten; und die Hauptleute freuten sich, als Stellvertreter der Inka zu dienen, und sie sagten, sie wären deren Gliedmaßen, indem sie als deren Minister und Soldaten dienten, was die Vasallen als größte Gunst ansahen." (Vega, G. de la, 1609/1983, S. 74f.)

Im Gegenzug werden Inka-treue Bewohner des Kerngebietes verpflichtet, in die neu hinzugewonnenen Regionen umzuziehen, um dort die Sprache, die Kultur sowie die Grundlagen des Rechts- und Staatswesen der Inka zu verbreiten und zu festigen. Die Kolonisten aus dem Reich, überwiegend bewährte Bauern, Handwerker und Soldaten, genießen die gleichen Rechte wie die Einheimischen, müssen sich aber auch den gleichen Pflichten unterwerfen. Jedenfalls so lange, bis die Inka-Gesetzgebung vollends installiert ist; danach gilt ausschließlich Inka-Recht. Diese Vorgehensweise lässt die Volksgruppen unmerklich miteinander verschmelzen. Genau das erleichtert und beschleunigt zum einen die Integration der neuen Stämme und erstickt zum anderen Protest und Aufruhr gegenüber den Eroberern im Keim. „Dass die Verbreitung der Reichssprache und der Staatsreligion ein wichtiger Faktor für Organisation und Kolonialisierung des großen Imperiums war, liegt auf der Hand." (Disselhoff, Hans D., 1978, S. 170)

Es ist erneut ein Treppenwitz der Geschichte: Nach der Eroberung Perus erkennen die Spanier das Prinzip und wenden es zum Teil selbst an, um sich beim Volk beliebt zu machen. So fordert die Krone zum Beispiel die katholischen Geistlichen seit Beginn der Konquista auf, die Staatssprache Quechua zu lernen und nur in diesem Idiom von der Kanzel aus Gottes Wort zu predigen.

Dank Großzügigkeit Konflikte im Keim ersticken

Wenn die Inka ein anderes Königreich oder eine fremde Provinz erobert haben, entsenden sie unverzüglich fähige Beamte, Bewässerungsingenieure und Agronomen dorthin, um Landbau und öffentliche Verwaltung auf ihren eigenen hohen Standard zu heben. Eine der ersten Maßnahmen, die in die Wege geleitet werden, ist die Terrassierung des häufig bergigen Geländes, um mehr Anbauflächen zu gewinnen. „Auf Hügeln und Hängen mit gutem Boden legten sie (…) Terrassen an, wie man es heute noch in Cusco und ganz Peru sieht." (Vega, G. de la, 1609/1983, S. 176. Anmerkung des Autors: Zum Teil kann man sie noch heute besichtigen.) Über lange und weitverzweigte Gräben wird Wasser herangeführt. Nachdem die fruchtbare Äcker so um ein Mehrfaches angewachsen sind, teilt der Provinzgouverneur das Land in drei Teile, deren Erträge der Sonne, also der Priesterkaste, dem König, also dem Adel, und den das Land bewirtschaftenden Bauern zugute kommen sollen. „Diese Einteilung geschah stets mit Rücksicht darauf, daß die Eingeborenen genug Land zum Bestellen bekämen und eher zuviel als zuwenig haben sollten. Und wenn die Bevölkerungszahl des Ortes oder der Provinz zunahm, ward ein Teil des der Sonne und dem Inka gehörenden Landes dem der Vasallen zugeschlagen; dergestalt behielt der König für sich und die Sonne nur diejenigen Ländereien, die sonst wüst und herrenlos geblieben wären." (Vega, G. de la, 1609/1983, S. 177)

Dank der in vergleichsweiser kurzer Zeit eingerichteten und perfektionierten Verwaltung kommt es in den neuen Provinzen weder zu Hungersnöten noch zu länger anhaltenden Aufständen. Die Indigenas erhalten für sich und ihre Familien genügend Baumwolle aus den königlichen Beständen oder erarbeiten sich das Material selbst, um sich selbst Kleidung anfertigen zu können. Wer Hausgerät oder Handwerkzeug braucht, wendet sich an die Beamten des Inka und erhält das Benötigte ohne Gegenleistung. Auf ihrem eigenen Land dürften sie Getreide anbauen und Vieh weiden lassen, so viel es ihnen ihre Arbeitskraft erlaubt. „Niemand brauchte sich als arm zu bezeichnen und um Almosen zu bitten." (Vega, G. de la, 1609/1983, S. 196) Weiter schreibt der Chronist: „Der Brauch, daß niemand um Almosen bettelte, ward auch noch zu meiner Zeit gewahrt, daß heißt bis zum Jahr 1560, da ich Peru verließ, und soviel ich dort umhergereist bin, habe ich doch keinen Indianer und keine Indianerin gesehen, die bettelten." (Vega, G. de la, 1609/1983, S. 196) Reisende, die aus einem triftigen Grund unterwegs sind, werden in entlang den Straßen gelegenen Herbergen aufgenommen und ohne Gegenleistung bewirtet. Befällt sie auf der Reise eine Krankheit, dann werden sie ebenso wie jeder andere Einwohner von den Ärzten medizinisch versorgt und von den Frauen des Dorfes gepflegt.

Der inkaische „Sozialstaat"

Mit der Ausdehnung des Gebots der Reziprozität, des Gebens und Nehmens, auf ihr gesamtes Reich schaffen die Inka einen frühen Vorläufer des modernen Sozialstaats. Denn zum einen versorgen sich die Bewohner selbst, zum anderen fließt ein Teil des Drittels an der Ernte, das die Bauern dem Inka abliefern müssen, und ein Teil des Drit-

Abbildung 17: Lagerhalter der Inka mit einem Quipu

tels an Gerätschaften, den die Handwerker den Staatsbeamten auszuhändigen verpflichtet sind, bei individuellen Notsituationen (Tod oder Krankheit des Ernährers) oder bei kollektiven Katastrophen (Missernten, Zerstörungen durch Naturgewalten) an die Bedürftigen zurück. Mit Fug und Recht darf man dies als gesellschaftliche Umverteilung bezeichnen – Völkerkundler sprechen lieber wertfrei von einer „redistributiven" Wirtschafts- und Gesellschaftsorganisation (Nowack, K., 2001) – hinter der freilich keine Ideologie stand, sondern kluges Kalkül der Herrschenden: Gekrönt mit einem reichen religiösen Überbau, sicherte sich die Elite damit während der gesamten Zeit der Inka-Herrschaft das Wohlwollen der einfachen Bevölkerung – und ihre eigene materielle Versorgung. Der Staat „übernahm Redistributionsaufgaben und gewann dadurch an Macht. Außerdem stellte die Selbstversorgung sicher, dass es möglichst wenig Kontakt unter den Untertanen im Reich gab und sie sich nicht so leicht gegen die Inka verbünden konnten." (Nowack, K., 2001)

Nicht zuletzt darin sah der Ethnologe Louis Baudin den Beweis für „eine logische Existenzmöglichkeit des Sozialismus". Aus meiner Sicht warf Baudin mit großer Berechtigung den Archäologen, Völkerkundlern, Historikern, Soziologen und Sprachwissenschaftlern seiner Zeit und denen vorangehender Jahrhunderte vor, die Verhältnisse in Peru niemals unter *wirtschaftlichen* Gesichtspunkten studiert zu haben: „Es muss ein Ende haben mit den Entwicklungsgesetzen, welche die Gelehrten in den Glauben versetzen, daß alle menschlichen Tätigkeiten Parallelen aufweisen und daß die Indianer schöne Stoffe nicht hätten herstellen und eine starke Verwaltung nicht hätten besitzen können, wie sie weder lesen noch schreiben konnten und nichts vom Spinnrad wußten. Es muß ein Ende haben mit der Idee des Universalismus, die uns glauben machen möchte, daß Maßnahmen, die für die Angehörigen der weißen Rasse gut sind, auch für die Angehörigen der roten Rasse gut sind und umgekehrt." (Baudin, L., 1956, S. 9)

KAPITEL 6

Was wir heute von den Inka lernen können
Vorzügliche Elitebildung, Integration und
Verteilungsgerechtigkeit

Reizvoll ist es immer, Vergangenes zu studieren, um daraus für heute und morgen zu lernen. Denn: „Historische Anleihen haben zahlreiche Bereiche von Wissenschaft und Gesellschaft beflügelt (...) und damit die Forderung von Denken aller Zeiten (erfüllt), Zukunft auch aus ihrer Herkunft abzuleiten." (Stähli, A., 2012, S. 157f.) Geradezu provokant ist das Vorhaben freilich, wenn man dafür ein Volk ins Visier nimmt, das der Populärwissenschaft vor allem als abschreckendes Beispiel für einen mit Strenge, ja äußerster Härte geführten Ständestaat dient. Dass ausgerechnet die Inka Gedanken und Prinzipien entwickelt haben könnten, die der Gesellschaft im 21. Jahrhundert von Nutzen sein könnten, mag für den Leser überraschend sein – und ist ein später Beleg für die Gültigkeit eines ihrer wichtigsten Prinzipien: Sie trachteten stets danach, das Beste von anderen, etwa von den von ihnen eroberten Völkern, zu übernehmen (Kapitel 5).

Sieben zentrale Führungsthesen

Die folgenden sieben zentralen Führungsthesen für Staat und Wirtschaft lassen sich aus dem Weltbild und dem Handeln der Inka ableiten. Ich möchte sie unserer heutigen Gesellschaft und der ihr zugrundeliegenden Marktwirtschaft als Benchmarks empfehlen.

These 1:
Elitebildung muss den ihr gebührenden Stellenwert bekommen.

These 2:
Bildung ist die Grundlage der Integration.

These 3:
Verteilungsgerechtigkeit bewahrt den Frieden im Land.

These 4:
Innovation braucht die Zustimmung des ganzen Volkes.

These 5:
Nachhaltigkeit darf nicht nur ein Modebegriff sein.

These 6:
Hierarchie kann gesellschaftlichen Nutzen stiften.

These 7:
Führungseliten sind gut – wenn sie ihre Verantwortung für die Gesellschaft ernst nehmen.

These 1:
Elitebildung muss den ihr gebührenden Stellenwert bekommen

Bei den Inka erfuhren Ausbildung und Wissensvermittlung der Elite allgemeine Wertschätzung, beides hatte für Herrscher und Volk einen hohen Stellenwert. Natürlich ist heute eine Führungselite, die ohne Diskussion und Absprache die Bildungsinhalte vorgibt und die erforderlichen didaktischen Methoden und Instrumente definiert, nicht vorstellbar. In unseren modernen Gesellschaften würden die klaren und autoritären Vorgaben einer Inka-Zeit auf Ablehnung stoßen. Bei uns herrschen Meinungsvielfalt und Meinungsfreiheit; über Inhalte, Zuständigkeiten, Verantwortung und Entscheidungsbefugnis wird lange gerungen.

Das ist in Demokratien so gewollt – führt aber nicht unbedingt zur besten Lösung für den Staat, wenn man davon ausgeht, dass seine hochqualifizierte Elite am besten wissen müsste, was der gesamten Gesellschaft zum Wohle gereicht. Die Elite bringt dem Staat den gebührenden Erfolg, und sie bringt dem Volk die Sicherheit, vor allem durch straffe Organisation und klare Führung. Diese Elite bringt sich nicht selbst hervor. Vielmehr schafft man sie erst, in dem man junge Talente sehr früh identifiziert, in den Genuss einer vorzüglichen Ausbildung kommen lässt und durch strenge Prüfungen den Nachweis führen lässt, dass sie die Lerninhalte verstanden haben und in der Lage sind, diese in die Praxis umzusetzen. Nur dann haben sie den Elitestatus verdient.

Dieser Gedanke, bei den Inka erfolgreich gelebt, wird heute zu selten offen angesprochen, obwohl der Erfolg unseres Wirtschaftssystems fraglos auf der Bereitschaft und Fähigkeit seiner Eliten beruht, Verantwortung für die Gesellschaft zu tragen. Doch auch das muss, ebenso wie das notwendige Wissen, in der Erziehung vermittelt werden.

Veränderungen brauchen die Zustimmung des Volkes

Die Wertschätzung eines Merkmals lässt sich in unserem System nicht einfach von einer Obrigkeit verordnen. Sie ist vielmehr das Resultat des aktuellen Meinungsbildungsprozesses. Dementsprechend können Veränderungen nur erfolgen, wenn die Gesellschaft es so will, wenn sich eine zumindest qualitative Mehrheit dafür findet. Die Bürger müssen hervorragende Bildung ihrer Führungskräfte in Politik, Wirtschaft und Gesellschaft als erstrebenswertes Ziel akzeptieren, dem man Respekt zollen sollte.

Anders als bei den Inka gibt es bei uns darüber keinen Konsens. Das ist umso bedauerlicher, als auf der im Grunde nur wenige zehntausend Personen umfassenden Führungselite in modernen Volkswirtschaften gewaltige Erwartungen lasten:

- „Konzeptionelle Gesamtsicht und ganzheitliches Denken,
- Offenheit für Neues und Innovationsfreudigkeit,
- Kreativität,
- Sensibilität für schwache Signale,
- Toleranz und Teamfreudigkeit, und nicht zuletzt
- Die Fähigkeit, mit Hilfe all dieser Eigenschaften Visionen für die Zukunft zu entwickeln." (Stähli, A., 2001, S. 4)

Doch die moderne Bildungspolitik vernachlässigt diese Anforderungen an die Elite und setzt, der Wählergunst zuliebe, auf das Gießkannenprinzip. Da lassen Bildungspolitiker in endloser Folge Studien entwickeln, es werden unzählige Reden gehalten und Artikel geschrieben, es werden Erwartungen geschürt, Defizite benannt und Abhilfen versprochen, aber oft herrscht noch nicht einmal Einigkeit über die Grundlagen. Was genau gehört zum Bildungskanon, gilt der für alle oder sollte er vor allem bestimmte Gruppen im Blick haben? Auf welche Zielgruppe, auf welche Ziele kann man sich verständigen? Was muss sich als erstes ändern? Mit welchen Instrumenten lässt sich das angestrebte Ergebnis am ehesten erreichen? Wer ist zuständig, wer trägt die Verantwortung, wer entscheidet – und wer zahlt?

Bildung ist ein Instrument der Zukunftssicherung

Vom primären bis zum tertiären Sektor setzen sich private Bildungsangebote weltweit immer stärker durch. Sie greifen neue Entwicklungen schneller auf und setzen sie schneller in Lehrinhalte um als die staatlichen Anbieter, reagieren mithin flexibler auf die Herausforderungen der Gegenwart. Genau deshalb begegnen sie einer wachsenden Nachfrage. Der Staat reagiert, wenngleich zögerlich: Immerhin geht an den Universitäten und Fachhochschulen der Trend dahin, auch Institutionen der Öffentlichen Hand wie Unternehmen zu führen. Bezeichnend für diese Entwicklung in Deutschland ist eine 2005/06 erstmals ausgerufene Maßnahme: Die Exzellenzinitiative des Bundes und der Länder zur Förderung von Wissenschaft und Forschung an deutschen Hochschulen. Sie beabsichtigte einen Wettstreit der Universitäten untereinander. Das sollte die Forschung landesweit in Schwung bringen. Die Auswirkungen dieses Förderprogramms jedoch sind nicht unumstritten.

Wer Verantwortung trägt, braucht Mut

Geld ist nicht der einzige Hebel, den die Akteure einsetzen. Wenn im Bildungsbereich Defizite ausgemacht werden, stellt sich immer auch die Frage, wem die Verantwortung dafür anzulasten ist. Ein solcher Ansatz ermöglicht es dem Fragesteller, die Behebung des Übels zunächst zu vertagen. Es ist ja auch viel einfacher, über den drohenden Fachkräftemangel zu klagen, als sich konkret und vor Ort mit den Ursachen und einer möglichen Abwehrmaßnahmen zu befassen. Zum Beispiel, in dem die Elitenbildung forciert wird.

Seit die Pisa-Studien Schul- und Schülerleistungen auf internationaler Ebene untersuchen, vergleichen und benoten, stehen die Bildungspolitiker weltweit unter erhöhtem Druck. Schließlich soll die Platzierung im alle drei Jahre veröffentlichten Ranking ausweisen, wer einen guten Job gemacht hat und wer nicht. In Deutschland wie in der Schweiz kämpfen seit jeher die Länder beziehungsweise die Kantone gegen den Bund um die Hoheit im Bildungsbereich. Da werden nicht immer nur Sachargumente angeführt. Leicht bleiben zudem übergeordnete Aspekte wie das Wohl der Allgemeinheit auf der Strecke.

Strategische Führer sind gefragt

Denn gerade von denen, die hierfür in erster Reihe in der Verantwortung stehen, wird extrem viel verlangt. Zu den unabdingbaren Anforderungen an eine herausragende Führungskraft gehört es, sein ganzes Ich einzubringen. Die Aufteilung zwischen „Job" und „Privatleben" ist längst obsolet: Erfolgsmanager haben die Fokussierungskraft für beides. Auch und gerade bei komplexen Entscheidungen, wie sie bei dem Sprung von der Gewissheits-Gesellschaft in die Ungewissheits-Gesellschaft verlangt werden, zögern sie nicht. Sie optimieren ihre Kompetenzen, entwickeln neue Schlüsselqualifikationen und beweisen Tag für Tag Leadership-Kompetenz. Und die ist heute notwendiger denn je. „Without effective strategic leadership, the probability that a firm can achieve superior or even satisfactory performance when confronting the challenges of the global economy will be greatly reduced." (Rowe, G.W., 2002, S. 85)

Wer zur Führungselite gehört, darf sich nicht damit begnügen, alle paar Jahre ein fünftägiges Führungsseminar zu besuchen und die Bulletins der Trendforscher zu abonnieren. Das bringt sie und die von ihnen geführten Unternehmen nicht in die Zukunft. Denn gelehrt wird vielfach nur, was der Trainer oder der Trendforscher heute wissen oder – eher noch – als gesichertes Wissen annehmen. Vor dem Hintergrund des Zwanges zur richtigen Weichenstellung entscheidend wichtig ist aber, „das zu lernen, was wir noch nicht wissen, aber in der Zukunft benötigen werden."

(Obeng, E., 1998, S. 137). Das genau beschreibt die Herausforderung der Elite von heute, die Leadership angetragen bekommt und im Bewusstsein ihrer Verantwortung für das Gemeinwohl danach strebt.

Weiterbildung in Eigenregie

In Folge der auf Breite statt auf Exzellenz setzenden Bildungspolitik sehen sich Führungspersönlichkeiten heute weitaus stärker als früher gezwungen, die Verantwortung für ihre Weiterbildung in die eigenen Hände zu nehmen. Die privaten Business Schools in Europa verzeichnen einen regelrechten Nachfrageboom nach Executive Development, wobei die Mehrheit der Teilnehmer den Aufwand selbst übernimmt, weil sie verstanden hat, dass sie von einem Mehr an Bildung am ehesten profitieren (Stähli, A., 2003). Die Wirtschaft, allen voran die großen, multinationalen Unternehmen, fördert diese Entwicklung nach Kräften: Direkt, in dem die Global Players immer mehr und immer engere Allianzen mit den führenden Business Schools schließen, um Einfluss auf die Inhalte des Executive Development nehmen zu können; indirekt, in dem sie ihren Rekrutierungsbedarf in steigendem Maße über die Business Schools abdecken. Und zwar international. Lehrinhalte, Studierende, Lehrkörper und Curriculae der Business Schools machen längst nicht mehr an nationalen Grenzen halt.

Elitenbildung hat die Zukunft im Blick

Die Globalisierung in der Management-Weiterbildung ist freilich nur eine Seite der Medaille. Um den aktuellen und vor allem den künftigen inhaltlichen Anforderungen der Führungselite entsprechen zu können, lösen sich die renommiertesten Business Schools mehr und mehr von ihrem traditionellen, an die Hochschulausbildung angelehnten, pädagogischen Bildungsansatz. Sie lehren nicht, wie Führung in den zurückliegenden Jahrzehnten ausgesehen hat, vielmehr lehren sie erwachsenengerecht (andragogisch), wie sie morgen zu sein hat. Erfolgreiches Management Development arbeitet Hand in Hand mit der Wirtschaft, um deren Bedürfnisse ebenso wie die der Studierenden erfüllen zu können. „Aligning with today´s business environment is exactly what new educational institutions are attempting to do. They have obtained endowment or venture capital, attracted people who share their vision and value proposition, and launched some exiting enterprises." (Stumpf, S A. et al., 2002, S. 63)

Anders als bei den Inka ist es bei uns noch kein Allgemeingut, dass die Bildung der Willigsten, der Befähigsten, der Besten einen höheren Stellenwert bekommen muss. In der Bevölkerung bleiben von den Debatten und Diskussionen oft nur die kämpferischen Wortgefechte der Kontrahenten in Erinnerung. Das hinterlässt einen üblen Nachgeschmack und schadet dem Image der Bildungspolitik. Selbst die an sich ruhigen Schweizer führen eine heftige Bildungsdebatte, in der die Kontrahenten oft wenig Verständnis für andere Positionen zeigen, stattdessen aber mit Begriffen wie Bildungsdünkel oder Bildungsverachtung argumentieren. (Gonon, P., 2011). Damit Bildung einen hohen Stellenwert einnehmen und ihn sich bewahren kann, muss die Politik die interessengeleiteten Scheuklappen ablegen und sich am Wohl der gesamten Gesellschaft orientieren – gerade indem sie die Eliten stärker fördert.

Zum Wohle des ganzen Volkes

Diesen Leitsatz haben die Inka mit ihrem klug gewählt, selektiven Bildungs- und Ausbildungssystem bereits vor 500 Jahren in die Tat umgesetzt. Ihre Schulen standen bewusst nur einer Elite offen. Was diese Elite aber letztlich lernte und übte, kam nicht nur ihr, sondern dem ganzen Volk zugute. Dessen waren sich die Herrscher bewusst, und sie setzten keinen unwesentlichen Teil des Landesvermögens für diesen Zweck ein. Denn sie wussten: Was die Führenden der Gesellschaft leisten, nutzt letztlich allen.

> Für eine Stärkung der Elitebildung zu plädieren, ist deshalb gut und richtig, aber diese muss in eigens dazu geschaffenen Bildungseinrichtungen, ja, durchaus in Eliteschulen erfolgen. Elite im doppelten Sinne: Zum einen durch die kluge Gestaltung des Lernorts, der Lernformen, der Lehrenden und die strenge Auswahl der Lernenden. Zum anderen, um die Führungselite

> von morgen hervorzubringen – eine kundige, motivierte, leistungsbereite und verantwortungsvolle Spitzengruppe, in deren Hände man die Herausforderungen der Zukunft beruhigt legen kann. Nach solchen Eliten ruft heute jedes Land. Doch man muss ihnen etwas dafür bieten. Andernfalls wächst das Risiko, dass gerade diese so wichtigen Talente entmutigt Europa verlassen.

These 2:
Bildung ist die Grundlage der Integration

Neben der Elitebildung braucht es Bildung für das Volk – nicht zuletzt deshalb, um ein Fundament für Integration aller Bürger zu legen.

Die Inka hatten das Prinzip verstanden. Endlos war ihre Geduld mit den Eroberten nicht. Wenn sie sich einem freundlichen Integrationsansuchen hartnäckig widersetzten, hatte das für sie fatale Folgen. Radikale Strafaktionen stehen heute natürlich nicht zur Diskussion. Aber eine größere Strenge im Umgang mit denen, die sich bewusst einer Integration entziehen, wäre im Interesse der Gesellschaft wünschenswert.

Denn Integration, das hatten die Inka genau verstanden, ist gleichzeitig eine Hol- und eine Bringschuld. Die Gesellschaft muss von Einwanderern verlangen können, dass sie gehörige Anstrengungen unternehmen, um sich zu integrieren. Die aus dem Ausland kommenden Mitbürger wiederum müssen die Bereitschaft aufbringen, sich tatsächlich in ihr neues Umfeld einzugliedern. Das bedeutet zunächst einmal, dass sie die Sprache lernen müssen. Es liegt weder im Interesse des Aufnahmelandes noch der Einwanderer selber, dass jemand nach Jahrzehnten immer noch nicht die Landessprache spricht. So sieht denn auch beispielsweise das deutsche Aufenthaltsgesetz vor, dass Ausländer Integrationskurse besuchen. Deren Ziel ist es, so besagt Paragraf 43, Absatz 2, ihnen „die Sprache, die Rechtsordnung, die Kultur und die Geschichte in Deutschland erfolgreich zu vermitteln. Ausländer sollen dadurch mit den Lebensverhältnissen im Bundesgebiet so weit vertraut werden, dass sie ohne die Hilfe oder Vermittlung Dritter in allen Angelegenheiten des täglichen Lebens selbständig handeln können."

Fördern heißt fordern

Ein Staat muss einerseits angemessene Integrationsbedingungen schaffen, das heißt den rechtmäßig auf Dauer auf seinem Territorium lebenden Ausländern geeignete Kurse anbieten. Andererseits darf und soll er aber den Erfolg dieser Maßnahmen auch kontrollieren, und er sollte gegebenenfalls Sanktionen androhen und durchsetzen, wenn der Einwanderer das Integrationsangebot nicht nutzt. Ich wende mich deutlich gegen Beliebigkeit und Inkonsequenz der politischen Steuerung in diesem Bereich. Nach der

Devise „Laissez faire" kann und wird Integration nicht funktionieren. Wir müssen aktiv dagegen angehen, dass Parallelgesellschaften entstehen und sich ausdehnen.

Nun ist der Begriff der Integration kein eindeutig festgezurrter. Was genau darunter zu verstehen ist, hängt ab von der politischen, philosophischen oder sozialen Affinität des Interpreten. Es lässt sich ja durchaus darüber streiten, ob Familien schon allein deshalb noch nicht integriert sind, weil sie ihren Töchtern die Teilnahme am Schwimmunterricht untersagen. Manche Familie mag gerade mit der Verweigerung ihre erfolgreiche Integration unter Beweis stellen: dokumentiert sie doch ihre Rechtskenntnisse. Kein Zweifel: Der Bildungsauftrag der Gesellschaft konkurriert mit der Religionsfreiheit einzelner.

„Multikulti" aus Mangel an Courage

Wenn eine Gesellschaft den Willen hat, Einwanderer an ihrem wirtschaftlichen Wohlstand, an ihrem gesellschaftlichen und kulturellen Leben teilhaben zu lassen, dann darf sie meiner Meinung nach auch erwarten, dass die neuen Mitbürger sich einer solchen Eingliederung zumindest nicht widersetzen. Gleichzeitig muss eine offene Gesellschaft aber auch akzeptieren, dass Einwanderer eben die Freiheitsrechte ausschöpfen, auf die die Aufnahmegesellschaft so stolz ist. Türkische Familien sollen klagen dürfen, wenn die Modalitäten des Unterrichts ihrem religiösen

Weltbild widersprechen. Allerdings müssen sie am Ende auch dem Urteil des Gerichts Folge leisten.

Von einer solcherart selbstverständlichen Integration zeugt das Zusammenleben der großen Makro-Ethnien im Inka-Reich Tahuantinsuyu. Sie wurden von einer festen Hierarchie von Hauptleuten regiert, die jedoch so klug waren, die Häuptlinge der unterworfenen Völker in ihre Führungselite einzuschließen. Auf diese Weise konnte sich das gewöhnliche Volk weiterhin mit ihren ethnischen Anführern identifizierten und mit ihnen zusammen ihre lokalen Bräuche und ihre Religion bewahren. Um diesen Erfolg richtig einordnen zu können, muss man verstehen, dass in der indigenen Mentalität das „Wir" vor dem „Ich" steht. Die Inka dachten denken nicht in Rassen, Nationen oder unterschiedlichen Kulturen, sondern sie dachten nicht-ausschließlich, das heißt inklusiv und integrativ.

Die Werte einer Gesellschaft sind sakrosankt

Bei vielen Streitigkeiten im Alltag und auch bei Disputen vor Gericht ist mit Sicherheit der Kompromiss die eleganteste und auch inhaltlich oft die beste Lösung. Richter tragen ja den Kontrahenten nicht nur aus Zeit- und Kostengründen eine gütliche Einigung oft schon im Vorfeld an. *Doch eine Gesellschaft verhandelt nicht mit Individuen um die Richtigkeit ihres Wertekanons!* Wenn einzelne Komponenten, wie wir gesehen haben, im Verlauf der Zeit modifiziert oder ganz gestrichen werden, dann sollte ein solcher Richtungswechsel auf einem allgemeinen Konsens beruhen und nicht auf Furcht. Es immer ein Zeichen von Schwäche, sich erpressbar zu machen, nur um des lieben Friedens willen.

Integration lässt sich zwar nicht anordnen, aber an*lernen,* und Integrationsbemühungen können mit zielgerichteten Bildungsmaßnahmen unterstützt werden. Damit sind wir erneut bei der ersten These dieses Buches. Und können einen Erfolg vermelden: Laut dem jüngsten Bericht der OECD hat sich die Zahl der ausländischen Studierenden in den OECD-Ländern seit dem Jahr 2000 verdoppelt: „In Australien, Österreich, Luxemburg, Neuseeland, der Schweiz und dem Vereinigten Königreich stammen mindestens 10 % der Studierenden im tertiären Bereich aus dem Ausland. Und unter den Teilnehmern fortgeschrittener Forschungsprogramme beläuft sich der Anteil der ausländischen Studierenden in Australien, Österreich, Kanada, Dänemark, Irland, Luxemburg, Neuseeland, Schweden, der Schweiz, dem Vereinigten Königreich und den Vereinigten Staaten auf über 20 %." In allen 34 OECD-Ländern verbesserten sich die Abschlussquoten im Tertiärbereich A (Bachelor oder Master) zwischen 1995 und 2010. „Den stärksten Anstieg seit 1995 mit einer Wachstumsrate von mehr als 8 % haben die Schweiz, Österreich, die Slowakei, Tschechien und die Türkei." (OECD, 2012)

Ganz praktisch gelebt wird Integration heute schon in vielen Unternehmen. Man hat eingesehen, dass Diversity nicht nur die Palette möglicher Vorgehensweisen erweitert und den Blick für neue Perspektiven schärft, sondern auch ein Mittel ist gegen die drohende Personalknappheit. Doch bei der Stellensuche werden selbst bestens ausgebildete Migranten auch heutzutage oft immer noch benachteiligt. Es muss sich noch viel ändern in der Bildungs- und Weiterbildungspolitik, um diesen Missstand zu beheben. Die Überprüfung der Einstellungs- und Förderungskriterien allerdings ist allein Sache der Unternehmen. Auch hier kann und muss noch viel getan werden.

> Die Inka geben uns mit ihrer auf Fordern und Fördern von Minderheiten setzenden Politik wertvolle Hinweise darauf, wie Integration in einer pluralistischen Gesellschaft zu schaffen ist. Zwangsmaßnahmen wie angeordnete Umsiedlungen sind in einer Demokratie zwar undenkbar, doch der Kern der altamerikanischen Politik, alte und neue Volksgruppen möglichst rasch zu einen, enthält mehr als einen Funken Weisheit. Ein Weg dorthin ist die frühkindliche gemeinsame Bildung, die möglichst lange gemeinsame Schulzeit, die von Staats wegen geächtete Separierung der verschiedenen gesellschaftlichen Gruppen und die Ausrichtung der Berufsbildung, der Fach- und Hochschulen auf Integration. Ein Versuch wäre es wert.

These 3:

Verteilungsgerechtigkeit bewahrt den Frieden im Land

Das Thema Gerechtigkeit brennt vielen Menschen auf den Nägeln, mit ihm befassen sich die verschiedensten Disziplinen: Rechtswissenschaft und Politische Wissenschaft, Soziologie und Philosophie und nicht zuletzt Betriebswirtschaft und Volkswirtschaft. Gerechtigkeit beruht auf Gegenseitigkeit – auf Reziprozität. Unter der Herrschaft der Inka war dieses Prinzip etabliert und, soweit wir wissen, auch allgemein akzeptiert. Jeder Angehörige des Volkes musste arbeiten, und zwar exakt seinen Fähigkeiten entsprechend. Im Gegenzug wurde jeder, ob alt, krank oder unstrittig arbeitsunfähig, von der Gemeinschaft mit allem Lebensnotwendigen versorgt. Diese Verteilungsgerechtigkeit war ein konstituierendes Merkmal der Inka-Gesellschaft. Das Prinzip *do ut* des galt im ganzen Reich.

Die Schere sitzt im Kopf

Im weltweiten Vergleich leben wir hier in Europa, trotz schmerzhafter Einschnitte als Folge der Euro- und Bankenkrisen, der Fehlinvestitionen im Bausektor und einem schleichenden Anstieg der Arbeitslosenquote insgesamt immer noch in recht komfortablen Verhältnissen. Allerdings unterscheiden sich die Lebensumstände der Bürger sogar innerhalb eines Landes erheblich. Der Wohlstand ist ungleich verteilt, und die Schere zwischen Arm und Reich öffnet sich weiter.

In Europa variierte im Jahr 2010 der Anteil der armutsgefährdeten Menschen zwischen fast 21 Prozent für Spanien und rund 12 Prozent für Österreich, wie das Statistische Bundesamt Wiesbaden im März 2012 bekannt gab. Als armutsgefährdet gilt bei dieser Aufstellung, wer weniger als 60 Prozent des durchschnittlichen mittleren Einkommens des Landes, in dem er lebt, zur Verfügung hat. Ein deutscher Single ist nach dieser Definition arm, wenn sein Einkommen inklusive aller Sozialleistungen nicht mehr als 940 Euro beträgt. Davon betroffen ist jeder Sechste.

Die Vorstände der deutschen Dax-Unternehmen siedeln am oberen Ende der Einkommensskala. Die Diskrepanz zwischen ihrem Einkommen und dem ihrer Angestellten fällt deutlich aus. „Bis zu 140-mal mehr verdienen die Vorstände der großen deutschen Aktiengesellschaften im Verhältnis zu ihren Mitarbeitern. Das belegt die Langzeituntersuchung des Management-Professors Joachim Schwalbach von der Berliner Humboldt-Universität", berichtet die Rheinische Post in ihrer Online-Ausgabe vom 18. September 2012 (http://www.rp-online.de/wirtschaft/beruf/das-verdienen-dax-chefs-im-vergleich-zu-den-mitarbeitern-1.568537).

Es dürfte schwerfallen, bei solch gravierenden Einkommensunterschieden von Verteilungsgerechtigkeit zu sprechen. Doch der Blick auf die Vermögen zeigt ein noch bedenklicheres Bild. Eine im Herbst 2012 erarbeitete Studie des deutschen Arbeitsministeriums kommt zu dem Ergebnis, dass sich das Nettovermögen der privaten Haushalte in der Bundesrepublik in den vergangenen zehn Jahren auf rund zehn Billionen Euro fast verdoppelt hat, berichtet die Süddeutsche Zeitung in ihrer Online-Ausgabe am 18. September 2012 (Öchsner, T., 2012). Im Jahr 2008 gehörten den reichsten 10 Prozent der Haushalte 53 Prozent des Gesamtvermögens.

Wo bleibt die Gerechtigkeit?

Bei den Inka gab es keine Altersarmut. Niemand verelendete, nur weil er krank und arbeitsunfähig war. Auch wer Opfer von Naturgewalten wurde, konnte stets auf die Solidarität der Gemeinschaft zählen. Diese von den obersten Inka-Herrschern vorgegebene und verfolgte Politik ist bedauerlicherweise in Vergessenheit geraten. Heutzutage braucht man eine wirkungsvolle Strategie, um Fehlentwicklungen zu stoppen und das Ruder herumzureißen. Dazu müssen die verantwortlichen Akteure an einem Strang ziehen. Wenn sie die notwendigen neuen Weichenstellungen in so wichtigen Gebieten wie der Arbeits- und Rentenpolitik sachlich, fürsorglich und verantwortungsbewusst setzen – und nicht mit dem Blick auf die eigene Klientel und das Abstimmungsverhalten ausschlaggebender Zielgruppen bei den nächsten Wahlen.

> Dass eine Politik, die die Verteilungsgerechtigkeit nicht aus den Augen verliert, den autokratisch herrschenden Inka leichter gefallen ist als einer demokratisch verfassten Gesellschaft, mag den Benchmark-Charakter dieser These trüben. Doch das Streben danach darf nicht beiseitegeschoben werden, soll auf Dauer nicht der soziale Frieden gefährdet sein.

These 4:
Innovation braucht die Zustimmung des ganzen Volkes

Die harten Lebensbedingungen im Hochland der Anden zwangen die Inka, den landwirtschaftlichen Anbau permanent zu optimieren. In den fast drei Jahrhunderten ihrer Herrschaft verbesserten sie kontinuierlich Handwerkszeug und Gebrauchsgüter, Methoden und Verfahren. Sie konnten diese Erfolge erreichen, indem sie Hebel ansetzten, die auch heute noch in Veränderungsprozessen gute Wirkung zeigen: Arbeitsteilung, Spezialisierung und eine hohe Motivation der Beteiligten. Grundvoraussetzung für den Wandel war das Einverständnis der Bevölkerung mit den neuen Maßnahmen und Methoden, das die Inka ohne große Mühe einholen konnten, weil die Ergebnisse nicht dem alleinigen Nutzen der Herrscher dienten, sondern dem gesamten Volk zugutekamen.

Innovationen schaffen Lebensqualität

Die Innovationsstärke einer Gesellschaft bestimmt nicht nur deren Arbeitsmarktsituation und damit einhergehend die materielle Wohlfahrt der Gesellschaft, sondern erhöht maßgeblich auch die Lebensqualität der Wirtschaftssubjekte im Alltag. Beispielhaft sei hier auf die zahlreichen ökologischen Innovationen der letzten Jahrzehnte verwiesen, die zur entscheidenden Verringerung von Umweltbelastungen beigetragen haben. Auch politische und soziale Innovationen (der verstärkte Einsatz von UNO-Friedenstruppen, die Einführung von Sozialversicherungssystemen und staatlichen Transferleistungen) führen dazu, dass sich die Bürger sicherer und versorgter fühlen (Küng, E., 1987, S. 6).

Allerdings erwachsen aus dieser „sozialen Hängematte" auch Gefahren für die Entwicklungsfähigkeit einer Gesellschaft. Diese werden insbesondere dann schmerzhaft spürbar, wenn die Finanzierung zusätzlicher sozialer Innovationen nicht mehr gesichert ist. Mit dieser Situation sehen sich gegenwärtig die meisten europäischen Staaten konfrontiert. „Die Lösung für dieses Wohlstandsdilemma wird von der Wirtschaft erwartet. Wo soziale Innovationen kaum mehr bezahlbar scheinen, müssen technische und organisatorische Neuerungen die Wohlfahrtsverluste auffangen. Im dritten Millennium weisen Staat und Gesellschaft den Unternehmungen die Verantwortung für die kollektive *Wellness* der Bürger zu." (Stähli, A., 1999), S. 28)

Innovationen müssen immer einen Mehrwert darstellen, um akzeptiert zu werden. Nun sollte man meinen, dass eine solche These alles andere als innovativ ist und dass die Anbieter materieller und immaterieller Güter sich entsprechend verhalten. Doch die Realität in der Wirtschaft, in den politischen Arenen und auf den gesellschaftlichen Foren lehrt uns etwas anderes. Häufig geht es allein darum, Konkurrenten zu verdrängen – koste es, was es wolle. Zum Einsatz kommen weder neue noch bessere Produkte, Gesetze oder Ideen, sondern alte Hüte mit bestenfalls neuem Federschmuck. Vielerorts tobt ein Verdrängungswettbewerb und kein Wettstreit um die besten Ideen.

> Das Geheimnis jedes erfolgreichen Innovationsmanagements ist die Akzeptanz von Neuerungen. Bevor die Inka neue Methoden, Verfahren oder Ziele vom Erprobungsstadium in den Alltag hinübergleiten ließen, stellten sie sicher, dass nicht nur Einzelne von ihnen profitierten, sondern möglichst große Teile der Bevölkerung. Innovationen fanden in allen Bereichen des täglichen Lebens statt, und sie wurden eben deshalb akzeptiert, weil sie den Alltag aller Menschen erleichterten. Es ist nicht zu spät, sich dessen zu erinnern.

These 5:

Nachhaltigkeit darf nicht nur ein Modebegriff sein

Naturkatastrophen wie Erdbeben, Dürren oder Überschwemmungen brachten die Inka in Gefahr, Hungersnöte zu erleiden. Doch dank eines ausgefeilten Planungssystems war für genügend Nahrungsmittel und Verbrauchsgüter gesorgt. Bewässerungstechnik, Pflanzenzucht und die Anlage von Terrassenfeldern und Nahrungsspeichern ermöglichten reiche Ernten. Bewusst gesteuerter Verbrauch und intelligente Lagerhaltung verhinderten selbstverursachte Knappheit. Die Inka betrieben ihre Landwirtschaft *nachhaltig* zum Nutzen des gesamten Volkes und ihrer Nachfahren.

Wo bleibt die Wende?

Wenn die Menschen in Ländern wie den USA oder Spanien hohen Konsum mit geliehenem Geld finanzieren, dann mag die lokale Bauwirtschaft davon profitieren, aber auch dieses Wachstum ist mit Sicherheit nicht nachhaltig. Zukünftige Generationen erben unvermietbare Gebäude, Bauruinen und Schulden. „Die Immobilienkrise entstand aus spekulativen Exzessen zur Stimulierung des Wachstums", monieren Ulrich Brand und Michael Müller in einem lesenswerten Beitrag auf Zeit Online mit dem Titel „Wo bleibt die Wende?" (Brand, U./Müller, M., 2012). Bei dem Versuch, die Wachstumsraten zu erhöhen, seien die ökologischen Herausforderungen aus dem Blickfeld geraten: „Wir wissen längst, dass wir umsteuern müssen. Schon vor 20 Jahren hat der Erdgipfel von Rio eine nachhaltige Entwicklung gefordert. Niemand scheint die Kraft zu haben, die Umverteilungs- und Gestaltungsfrage zu stellen (und) einen Entwicklungsplan für Nachhaltigkeit zu verfassen (…)", kritisieren die Autoren. Wir sollten uns ihnen anschließen.

> Nachhaltigkeit ist ein viel zu hoher Wert, um als Floskel beliebig im Mund geführt zu werden. Die Inka wussten um dieses Prinzip und lebten danach, ohne diesen Begriff zu kennen – und sie sicherten damit das Überleben ihrer Gemeinschaft, ohne dass dazu ein herrschaftliches Postulat vonnöten gewesen sein musste. Heute braucht man Anstöße von außen, um sich an diesen alten Gedanken zu erinnern. Die „Brundtland Kommission" formulierte 1987 erstmalig das Konzept einer nachhaltigen Entwicklung. In ihrem Report „Unsere gemeinsame Zukunft" heißt es: „Nachhaltig ist eine Entwicklung, die den Bedürfnissen der heutigen Generation entspricht, ohne die Möglichkeiten künftiger Generationen zu gefährden, ihre eigenen Bedürfnisse zu befriedigen und ihren Lebensstil zu wählen." (Hauff, V. 1987) Es ist die Aufgabe der Elite, diese Erkenntnis in Taten umzusetzen.

These 6:

Hierarchie kann gesellschaftlichen Nutzen stiften

Mit der Versorgung des Volkes waren unter der Herrschaft der Inka die Beamten betraut. Ihre zweite große Aufgabe war die Verwaltung des riesigen Reiches. Um eine solche Herausforderung allein mit mündlicher Kommunikation zu meistern, bedurfte es einer systematischen Erhebung und Speicherung vieler relevanter Daten. Dazu gehörten zum Beispiel in Quipu gefasste Aufzeichnungen über Aussaaten, Ernten, Einlagerung und Entnahmen der Vorräte, die Führung eines Gemeindekalenders oder eines Personenregisters. Die Inka sammelten die für sie wichtigen Hinweise so sorgfältig wie die Statistischen Ämter unserer Zeit.

Die Herren der Daten

Auch damals schon war Information erfolgsentscheidend, damals wie heute war Wissen Macht. Der Einblick in das Personenregister erlaubte den Verantwortlichen im Inka-Reich, jederzeit in Erfahrung zu bringen, ob und wo genügend Soldaten für bevorstehende Kampfhandlungen bereitstanden. Schließlich mussten immer wieder große räumliche Distanzen berücksichtigt und überwunden werden. Dazu brauchte man vielfältige aktuelle und belastbare Daten, denn die Soldaten sollten bei ihren Einsätzen nicht nur motiviert, geführt und munitioniert, sondern auch hinreichend ernährt und gekleidet werden. An mangelhafter

Logistik scheiterte im Inka-Reich, anders als in anderen Kulturen, kein einziger Feldzug.

Hierarchie benötigt Legitimation

Von diesem Vertrauen in die Obrigkeit sind wir heute weit entfernt. Für viele Menschen ist bereits Autorität ein negativ besetzter Begriff, für die meisten gelten hierarchische Strukturen von vornherein als schlecht.

Das hat viel damit zu tun, dass die an leitender Position stehenden Personen häufig nicht bereit sind, Verantwortung zu übernehmen, sich ihrer nicht bewusst sind oder sich ihrer im Zweifelsfall gerne entziehen. Echte Elite tut das nicht. Sie weiß um ihre herausgehobene Rolle und um die damit einhergehende Verantwortung für das Gemeinwohl – ebenso wie die Aristokraten der Inka dies taten.

„Wirkliche Führungsexzellenz zeigt sich seit jeher in der Bewältigung von unternehmerischen Herausforderungen. Die notwendige Voraussetzung hierfür ist ein hohes Maß an Fach- und Führungswissen; doch fast entscheidender noch sind die persönlichen Einstellungen zum Menschen, zur Ökonomie und zur Zukunft, die Werte und damit die geistige Grundhaltung der Führungspersönlichkeit. Aus ihr wächst die moralische Verantwortung für unternehmerisches Handeln." (Stähli, A., 2003, S 13)

Ideologen nicht das Spiel überlassen

In der Schweiz gehören Volksabstimmungen zum guten Stil. Hier ist die Suche nach Mehrheiten das Tagesgeschäft der Politik. Man ist man bereit, die manchmal ermüdenden Verfahren und ihre Dauer auch weiterhin in Kauf zu nehmen, um auch in Zukunft über einen wirksamen Schutz gegen Demagogen und Diktatoren zu verfügen. Wer vernunftgesteuerten Disputen ausweicht oder sie verschläft, überlässt Ideologen und Rattenfängern das Spiel. Eine Radierung des spanischen Künstlers Francisco de Goya (1746–1828) illustriert schon 1799 eindringlich mögliche Folgen: „El sueño de la razón produce monstruos" (deutsch: Der Traum von der Vernunft ruft Monster hervor").

> Eine strikte Zwei-Klassen-Gesellschaft wie das Inka-Reich entspricht nicht den zeitgenössischen Vorstellungen einer Mehrheit der Bevölkerung in Mittel-Europa. Das darf jedoch nicht gleichzeitig zu einer Ablehnung jedweder Hierarchie führen. Es bedeutet nur, dass eine hierarchisch aufgebaute Struktur ihre Ordnung rationalen Prinzipien, also nicht etwa der Willkür von Machthabern oder vorgeblich alternativlosen Sachzwängen, verdanken soll. Hierarchie und jede daraus abgeleitete konkrete Führungsgewalt ist, zumindest in der Theorie, an Führungsverantwortung gekoppelt, die ihrerseits der Legitimierung bedarf.

These 7:
Führungseliten sind gut – wenn sie ihre Verantwortung für die Gesellschaft ernst nehmen

Bei den Inka war klar definiert, wer zur Elite gehörte. Ihr Staatswesen war hierarchisch gegliedert, das Staatsgebiet wurde zentral und autoritär regiert. Die Angehörigen der Inka-Elite genossen, wie wir gesehen haben, ungeheure Privilegien, und der Unterschied in der Lebensweise zu den einfachen Indios war beachtlich. Ein neuer Thronfolger des Inka-Reiches musste vor Amtsantritt einen Härtetest absolvieren; er wurde zum Herrscher deklariert, weil er diese Prüfung bestanden hatte und sich seiner Verantwortung für seine große Aufgabe bewusst war – und nicht, weil er der Erstgeborene war.

Die Führungselite der Inka übte keine Tyrannei aus auf das gemeine Volk. Ihre Position war zwar bevorzugt, aber zugleich an die Übernahme von Verantwortung gekoppelt. Wenn einer der Herrscher seine Macht ungebührlich ausdehnte, riskierte er die Absetzung. Auch die Beamten, Priester und Dorfoberhäupter hatten nicht nur Vorrechte, sondern auch klare Vorgaben. Sie trugen die Verantwortung für die Soldaten, die Bauern und die Handwerker und für deren Familien. Genau darum geht es auch aktuell. Besser gesagt: Darum müsste es gehen.

Eliteprüfung: Der Aufnahmetest

Heutzutage ist das Raster komplizierter gewoben, das die Eliten vom Rest der Gesellschaften trennt. Wissen ist nicht mehr nur wenigen vorbehalten, auch der Adelstitel sorgt längst nicht mehr für Hochachtung. Weder großbürgerliche Herkunft noch Reichtum allein garantieren den Zugang zur Spitze der Gesellschaft. Diese beiden Faktoren sind zwar immer noch notwendige, aber keineswegs hinreichende Voraussetzungen.

Wer bei ernstzunehmenden Themen und auf seriöser Bühne mit einer abweichenden Meinung vorprescht, wer gegen die (ohnehin weit überschätzte) Schwarmintelligenz rudert, braucht Frustrationstoleranz und viel Mut. Er darf sich, falls er durchkommt, allerdings auch der Aufmerksamkeit des Umfelds gewiss sein. Wenn der Akteur dann auch noch über genügend Durchsetzungskraft und Verhandlungsgeschick verfügt, ist der Durchmarsch zur Spitze nur noch eine Frage der Zeit. Sieger in diesem Wettbewerb müssen aber nicht notwendig die Personen sein, die den bevorstehenden Führungsaufgaben am besten gerecht werden. Mit Fug und Recht lässt sich von einer Elite sprechen: Wir brauchen Führungskräfte, die sich voll ins Zeug legen, die ihre Mitarbeiter zu Höchstleistungen motivieren und darüber ihren Gesellschaften den besten Dienst erweisen.

Führungselite: Das Modell

Das Volk der Inka konnte sich glücklich schätzen, von einer verantwortungsbewussten Elite geführt zu werden. Uns modernen Menschen sollte es ein inneres Anliegen sein, sich eine solche zu wählen. Einem Entrepreneur wie Apple-Gründer Steve Jobs nachzueifern, wie es viele junge Menschen tun, ist falsch. Denn der geniale Jobs galt als nicht unbedingt überbegabt auf dem Feld der sozialen Kompetenzen. Ein Defizit gerade in diesem Bereich aber sollte ein Ausschlusskriterium für die wirklichen Führungseliten von heute sein. Jobs war ein enorm erfolgreicher, brillanter Einzelkämpfer. Einer Vorbildfunktion hätte er wohl nicht in jeder Hinsicht gerecht werden können.

Wer als Führender von seinen Mitstreitern akzeptiert werden will, muss die ganze Palette der Führungsaufgaben beherrschen. Er muss die Rolle leben, die ihm zugefallen ist, sonst verliert er die Achtung seines Umfeldes. Vor allem muss er sich dem Gesamterfolg unterordnen, und dazu gehört viel Disziplin, ein wenig Demut und die Fähigkeit, gelegentlich auch mal aus dem Rampenlicht zu treten und einen Part im Hintergrund zu übernehmen. Eine Führungselite führt nicht nur, sie leitet auch an. Das bedeutet unter anderem, dass sie Versagen nicht nur mit Sanktionen bestraft, sondern als Fallbeispiel zur Leistungssteigerung nutzt. Zu ihren vornehmsten Pflichten gehört es, die eigene Weiterbildung konstant und effektiv voranzubringen.

Mit dem gleichen Elan muss eine Führungselite daran arbeiten, sich selbst ersetzbar zu machen. Sie muss nach geeigneten Nachfolgern Ausschau halten – nach den Nachwuchskräften, denen es zuzutrauen ist, die kommende Elite zu sein. Wer zur echten Führungselite gehört, hat keine Angst vor Konkurrenz oder Machtverlust. Missgunst, Egoismus und Tunnelblick sollten für Führungskräfte tabu sein. Wirkliche Führungselite zeichnet sich aus durch Anstand, Moral und Integrität. Sie kann teilen ohne Gesichtsverlust, sie inspiriert, ohne zu bevormunden, und sie vertraut nicht nur den eigenen, sondern auch den Ideen, Vorstellungen und Kompetenzen anderer.

KAPITEL 7

Elite und Verantwortung
Bildung bringt beide zusammen

Alle reden heute von der Zukunft. Dabei geht es doch darum, aus der Vergangenheit Nutzen zu ziehen für die Gegenwart. Wer von den einst weite Teile Südamerikas beherrschenden Inka lernen will, muss sich freilich der Schwierigkeit bewusst sein, Strategien, Konzepte und Methoden aus der einen Zeit und aus einem anderen Kulturkreis in die Gegenwart und zu uns nach Mitteleuropa zu übertragen. Die Kunst dabei ist, unterschiedlichen Aspekten gerecht zu werden, das heißt, sie angemessen zu bewerten und einzuordnen.

Bildungspolitik muss Akzente setzen

Grundlage hierfür ist die fundierte Bildung der Besten. Den Protagonisten im Bildungsbereich geht es stets um den hohen Wert einer guten Ausbildung und den damit erzielbaren Nutzen, sowohl für den Einzelnen als auch für die Gesellschaft in toto. Auf den ersten Blick mögen die Bestandsaufnahmen und die daraus abgeleiteten Empfehlungen objektiv, vernünftig und sachdienlich wirken. Aber es wird übersehen, dass das Ergebnis einer ausgewogenen Bildungspolitik immer eben nur ausgewogen sein kann.

In die Verantwortung hineinwachsen

Private Bildungseinrichtungen folgen einer anderen Maxime. Sie bevorzugen keineswegs automatisch dieselben Strukturen, Inhalte und Schwerpunkte wie ihre staatlichen oder kommunalen Mitbewerber. Viel mehr errichten sie kleine, auf Leistung und charakterliche Bildung ausgerichtete Campusse (vergleichbar den Yachaywasi) mit starker persönlicher Bindung zu den Dozenten (die Amautas der Inka). In der alten südamerikanischen Kultur wurden die Lernenden methodisch trainiert und auch physisch und psychisch belastet, um sukzessive in ihre große Verantwortung eingeführt zu werden. Dank dieser Ausbildung waren sie in der Lage, Höchstleistungen zu vollbringen.

Genau darum geht es heute wieder. Der Beweis: Entlegene und gleichzeitig hervorgehobene Lernorte haben über die Jahrhunderte hinweg nicht an Attraktivität verloren, wie die zahlreichen exzellenten Internate, Hochschulen und Business Schools beweisen. Sie stellen höchste Ansprüche an Schüler und Studierende, stellen ihre Zöglinge vor harte und langwierige Prüfungen (wie die Inka in den Yachaywasi) und spornen sie durch die Gegenwart ihrer Idole bei den Prüfungen an.

So wie der Inka die Abschlussexamina seiner Nachwuchselite von der Tribüne aus beobachtete und die deutsche Bundeskanzlerin, in der Schweiz bisweilen ein Mitglied des Bundesrates, bei wichtigen Fußballspielen persönlich vor

Ort ist, so diskutieren prominente Führungskräfte der Wirtschaft mit Studierenden reale Fälle aus ihrem Unternehmensalltag. An den besten privaten Hochschulen und Business Schools lebt das auf die Übernahme von Verantwortung vorbereitende Bildungsideal der Inka weiter – freilich mit den hochmodernen Lernformen des 21. Jahrhunderts: Kleine Lerngruppen! Eine wahrhaft internationale Dozentenschaft! Computersimulation im Hörsaal! Teamarbeit bei der Lösung von Aufgabenstellungen von morgen! Training on the Job für die Übernahme von gesellschaftlicher und unternehmerischer Verantwortung! Und das 24/7!

Andere Zeiten, andere Methoden, gleiches Ziel: Ebenso wie bei den Inka geht es heute wieder darum, die Elite optimal auszubilden und zur Übernahme von Verantwortung zu erziehen. In schwierigen Zeiten wird echte Leadership zu einer Kompetenz, deren Wert gar nicht hoch genug geschätzt werden kann.

In diesem Sinne bitte ich den Leser um seine wohlwollende Begleitung bei meinem Bestreben, die unzweifelhaft exzellenten Leistungen dieses großen Volkes darzustellen, zu erläutern und zu akzentuieren. Denn der Mantel der Geschichte darf nichts verhüllen, was in der Gegenwart wärmen könnte.

Abbildungsnachweise

Abbildung 1: bpk / RMN – Grand Palais / Versailles, Châteaux de Versailles et de Trianon / Franck Raux

Abbildung 2: http://upload.wikimedia.org/wikipedia/commons/archive/5/5a/20110704164002!Garcilaso_de_la_Vega.jpg

Abbildung 4: © Lesniewski, Fotolia.com

Abbildung 5: Foto: Walter Anderau

Abbildung 6: Foto: Walter Anderau

Abbildung 7: © missbobbit, Fotolia.com

Abbildung 8: © mrpeak, fotolia

Abbildung 9: © David A. Steven, Associate Professor Departments of Clinical Neurological Sciences, Epidemiology and Biostatics, The University of Western Ontario

Abbildung 10: Poma de Ayala, F.G., 1600–1615/1936, S. 362, Det Kongelige Bibliotek, Kopenhagen

Abbildung 11: Poma de Ayala, F.G., 1600–1615/1936, S. 110, Det Kongelige Bibliotek, Kopenhagen

Abbildung 12: Poma de Ayala, F.G., 1600–1615/1936, S. 362, Det Kongelige Bibliotek, Kopenhagen

Abbildung 14: Poma de Ayala, F.G., 1600–1615/1936, S. 350, Det Kongelige Bibliotek, Kopenhagen

Abbildung 15: Poma de Ayala, F.G., 1600–1615/1936, S. 300, Det Kongelige Bibliotek, Kopenhagen

Abbildung 17: Poma de Ayala, F.G., 1600–1615/1936, S. 337, Det Kongelige Bibliotek, Kopenhagen

Literatur

Andrushko, Valerie A., Verano, John W. (2008), Prehistoric Trepanation in the Cuzco Region of Peru, American Journal of Physical Anthropology, 137: 4–13 2008

Anton, Ferdinand (1973), Die Frauen der Azteken-, Maya-, Inkakultur. Stuttgart 1973

Baudin, Louis (1944), Der sozialistische Staat der Inka. Deutsche Ausgabe. Essen 1956

Betanzos, Juan de (1551–1558/2004), Suma y Narración de los Incas. Madrid 2004.

Bollinger Armin, Dörig, Hansrüedi (1977), Die Inka. Lausanne 1977

Bollinger, Armin (1979), So bauten die Inka: Straßen, Brücken, Bewässerungsanlagen, Häuser, Städte im alten Peru (Schriftenreihe des Lateinamerikanischen Instituts an der Hochschule St. Gallen). Diessenhofen 1979

Brand, Ulrich; Müller, Michael (2012), Wo bleibt die Wende? Kurzfristigkeit beenden, Nachhaltigkeit ermöglichen: Es darf nicht nur um Ökonomie gehen. http://www.zeit.de/2012/37/Oekonomie-Nachhaltigkeit-Ulrich-Brand-Michael-Mueller

Abrufdatum 23. September 2012

Braun, Hans-Gert (2004), Die Planwirtschaften der Inkas und der Sowjetunion im Vergleich, in: WechselWirkungen Jahrbuch 2004

Bravo Guerreira, Maria Concepción (ohne Jahresangabe), Política y Educatión en el Estado Inca, http://biblio.juridicas.unam.mx/libros/6/2548/9.pdf (Datenzugriff 3. September2012)

Brokaw, Galen (2010), A History of the Khipu. New York, 2010

Burch, Janet (2010), Das Inkareich als Zentrum /Peripherie-Gesellschaft. Working Paper des Soziologischen Seminars 03/2010 der Universität Luzern, Dezember 2010

Cieza de Leon, Pedro (um 1550/2011), The Kingdom of the Incas, Neuauflage. Cusco 2011

Clados, Christiane (2007), Neue Erkenntnisse zum Tokapu-Symbolsystem in Tribus, Jahrbuch des Linden-Museums Nr. 56. Stuttgart 2007

Cobo, Bernabé (1653/1964), Historia del Nuevo mundo, Biblioteca de Autores Espanoles, tomos 91 y 92. Madrid 1964

Cunow, Heinrich (1937), Geschichte und Kultur des Inkareiches, Nachdruck. Hamburg 2011

Disselhoff, Hans D. (1978), Das Imperium der Inka. München 1978

Espinoza Soriano, Waldemar (1577/1997), Los Incas. Economía, sociedad y estado en la era del Tahuantisuyo, 3. Auflage. Lima 1997

Gonon, Philipp (2011), Bildungsverachtung oder Bildungsdünkel? http://www.tagesanzeiger.ch/kultur/diverses/Bildungsverachtung-oder-Bildungsduenkel/story/10890869?dossier_id=1090. Abrufdatum 24. September2012

Gumucio, Juan Carlos (2000), La Nueva Crónica y Buen Gobierno de Guamán Poma de la Luz de un Convertido Manuscrito Napolitano in Ciencia al Dia, 2000

Hauff, Volker (1987), (Hrsg.), Unsere gemeinsame Zukunft. Der Brundtland-Bericht der Weltkommission für Umwelt und Entwicklung. Deutsche Version des Brundtland-Berichts „Our Common Future", erstellt von der „Weltkommission für Umwelt und Entwicklung" der Vereinten Nationen. Zitiert nach Lexikon der Nachhaltigkeit, http://www.nachhaltigkeit.info/artikel/brundtland_report_563.htm?sid=ffbd40a26201f154eff786334d39b54f. Abrufdatum 20. September 2012

Hyland, Sabine (2003), The Jesuit & the Incas, The Extraordinary Life of Padre Blas Valera, S. J.. Ann Arbor 2003

Julien, Catherine (1998), Die Inka, Geschichte, Kultur, Religion. München 1998 (4. Auflage 2007)

Küng, Emil (1987), Innovationen, herausgegeben von der OKREAL-Stiftung. Winterthur, 2. Aufl. 1987

Laurencich-Minelli, Laura (2004), El curioso concepto de „cero concreto" mesoamericano y andino y la lógica de los dioses Números incas: una nota. In: Revista de estudios literarios, Facultad de Ciencias de la Información, Universidad Complutense de Madrid, Jahrgang IX, No. 27, 2004

(http://www.ucm.es/info/especulo/numero27/cero.html, Abrufdatum 28. September 2012)

Laurencich-Minelli, Laura (2005), Excul Immeritus Blas Valera Populo Suo e Historia et Rudimenta Linguae Piruanorum, Indio, gesuite e spagnoli in due documenti segreti sul Perù de XVII secolo. Bolgona 2005

Löwer, Hans-Joachim, Schlüter, Alexandra (2009), Das Lexikon der großen Entdecker. Hamburg 2009

Luhmann, Niklas (1997), Die Gesellschaft der Gesellschaft, 2 Bände. Frankfurt 1997

Murra, John V. (1999), La organizacíon económica del estado inca, 6. Auflage. Madrid 1999

Murúa, Martin de (um 1590), Historía general del Peru, origen y descendencía de los Incas. Madrid 2001

Nowack, Kerstin, (2001), Das Inkareich – ein Wirtschaftssystem ohne Geld. Bonn 2001, http://www.moneymuseum.com/moneymuseum/library/texts/text.jsp?lang=de&id=52507#1 Abrufdatum 26. Juni 2012).

Neuer Armuts- und Reichtumsbericht der Bundesregierung Deutschland (2012), Vorschau auf http://www.focus.de/finanzen/news/statistik-zu-armut-und-einkommensschere-jeder-sechste-deutsche-ist-arm-_aid_728496.html. Abrufdatum 18. September 2012

Obeng, Ernest (1998), The New World Manager. New York 1998

Öchsner, Thomas (2012), Reiche trotz Finanzkrise immer reicher. In SZ Online, 18. September 2012. http://www.sueddeutsche.de/wirtschaft/neuer-armuts-und-reichtumsbericht-der-bundesregierung-reiche-trotz-finanzkrise-immer-reicher-1.1470673. Abrufdatum 14. September2012

OECD (2012), Education at a Glance. Multilingual Summaries. http://www.oecd.org/berlin/eag-2012-sum-de.pdf. Abrufdatum 14. September 2012

Pineda, Virgilio Roel (2001), Cultura peruana e historia de los incas. Lima 2001

Poma de Ayala, Filipe Guaman (1600–1615/1936), El Primer Nueva Corónica y Buen Gobierno. Deutsche Faksimileausgabe unter dem Titel „Die neue Chronik und gute Regierung", herausgegeben von Ursula Thiemer-Sachse. Berlin 2004

Prescott, William H. (1848), Geschichte der Eroberung von Peru mit einer einleitenden Übersicht des Bildungszustandes unter den Inkas. Leipzig 1848

Pringle, Heather (2011), Die Inka auf dem Gipfel der Macht, National Geographic 4/2011

Protzen, Jean-Pierre (1994), Die Architektur der Inka, in: Laurencich Minelli, Laura: Das Inkareich, Entstehung und Untergang. Augsburg 1997

Ramírez, Susan Elizabeth (2005), To Feed and Be Fed. The Cosmological Bases of Authority and Identity in the Andes, Stanford. California 2005

Riese, Berthold (2004), Machu Picchu, die geheimnisvolle Stadt der Inka. München 2004

Rostworowski, María (1994), Die Inka in: Laurencich Minelli, Laura: Das Inkareich, Entstehung und Untergang. Augsburg 1997.

Rowe, G.W. (2002), Creating wealth in organizations: The role of strategic leadership, in: The Academy of Management Executive, 2/2002, S. 81–95

Schmidt-Häuer, Christian (2008), Das magische Medium, in: Die Zeit, 13.10.2008 http://www.zeit.de/2008/26/OdE35-Schrift

Silverman, Gail (2012), The Signs of empire inka writing. Cuzco 2012

Stähli, Albert (2000), Innovationsmanagement und die Business School 2000, in Berndt, R. (Hrsg.), Innovationsmanagement. Berlin/Heidelberg 2000

Stähli, Albert (2001), Management-Andragogik 1, Harvard Anti Case. Berlin/Heidelberg 2001

Stähli, Albert (2003), Leadership in der Management-Andragogik, in Berndt, R. (Hrsg.), Leadership in turbulenten Zeiten, Band 10. Berlin/Heidelberg 2003

Stähli, Albert (2012), Maya-Management, Lernen von einer Elitekultur. Frankfurt 2012

Stingl, Miroslav (1995), Das Reich der Inka, Ruhm und Untergang der „Sonnensöhne". Augsburg 1995

Stumpf, Stephen A. et al. (2002), International Interdisciplinary Management Education and Development: Can Business Schools Deliver? In: Berndt, R. (Hrsg.) (2002), Management-Konzepte für die New Economy, S. 59–78

Uchatius, Wolfgang (2011), Gold, Silber, Armut in „Die Zeit" vom 24. März 2011, http://www.zeit.de/zeit-geschichte/2011/01/Suedamerika-Gold-Silber (Abrufdatum 10. Juni 2012)

Urton, Gary (2010), Numeral Graphic Pluralism in the Colonial Andes, in: Ethnohistory Volume 57, Number 1

Valcarcel, Daniel (1961), História de la Educatíon Inka. Lima 1961

Vega, Garcilaso de la (1609), Wahrhaftige Kommentare zum Reich der Inka. Berlin 1983

Weatherford, Jack (1988), Das Erbe der Indianer: Wie die neue Welt Europa verändert hat. München 1995

Yupanki, Titu Kusi (1985), Der Kampf gegen die Spanier. Ein Inka-König berichtet. Herausgegeben von Lienhard, Martin. Düsseldorf 2003

Zoppi, U.; Hua, Q.; Jacobsen, G.; Sarkissian, G.; Lawson, E. M.; Tuniz, C.; Laurencich-Minelli, L. (2000), AMS and controversies in history: The Spanish conquest of Peru. in: Nuclear Instruments and Methods in Physics Research Section B, Volume 172, Issue 1–4, p. 756–760. Amsterdam 2000

Der Autor

Albert Stähli, Dr. rer. soz. oec., ist anerkannter Experte auf dem Gebiet der modernen Management-Andragogik und Autor mehrere Bücher und Schriften zu diesem Thema. Um die Weiterbildung von Executives in der Wirtschaft deren Berufsanforderungen entsprechend zu gestalten, gründete und leitet er die Graduate School of Business Administration (GSBA) in Zürich und Horgen am Zürichsee. Als passionierter Weltentdecker beschäftigt er sich seit vielen Jahren mit den altamerikanischen Kulturen der Inka, Maya und Azteken und hat sich darin auch außerhalb der Schweiz den Ruf einer Autorität erworben. Als gelernter Andragoge interessieren ihn ganz besonders die Bildungskulturen in den untergegangenen Sonnenkönigreichen. Albert Stähli lebt nahe Zürich in der Schweiz.